Para Henrique com os cumprimentos do seu amigo!

Antonik fev/2012

O Príncipe revisitado:
Maquiavel e o mundo empresarial

Aderbal Nicolas Müller

Luis Roberto Antonik

O Príncipe revisitado:
Maquiavel e o mundo empresarial

2011

ACTUAL

Ninguém sabe completamente o que um
homem pode conseguir até que, motivado pela
vontade, ele reúne forças e
decide que nada irá derrotá-lo.

Germaine St. Cloud

Almedina Brasil Ltda./ Actual Editora Lda.
Alameda Campinas, 1077, 6º andar, São Paulo, SP.
Cep.: 01404-001
Brasil
Tel./Fax: +55 11 3885-6624

Site: www.almedina.com.br

Edição Almedina Brasil Ltda.
Todos os direitos para a publicação desta obra no Brasil reservados por Almedina Brasil Ltda.

Gerente editorial: Marcio Coelho
Assistente editorial: Mirella Valeriano
Produção editorial: ERJ Composição Editorial
Design de capa: Casa de Ideias Editoração e Design

ISBN: 978-85-62937-03-3

Impresso em março de 2011.

Dados Internacionais de Catalogação na Publicação (CIP)
(Câmara Brasileira do Livro, SP, Brasil)

Müller, Aderbal Nicolas
O Príncipe revisitado: Maquiavel e o mundo empresarial / Aderbal Nicolas Müller, Luis Roberto Antonik. -- São Paulo : Almedina, 2011.

ISBN 978-85-62937-03-3
1. Administração de empresas 2. Empresários 3. Empresas 4. Machiavelli, Niccoló, 1469-1527 Crítica e interpretação 5. Negócios I. Antonik, Luis Roberto. II. Título.

11-01352 CDD-658.4012

Índices para catálogo sistemático:

1. Negócios : Aplicação dos princípios de Maquiavel : Administração de empresas 658.4012

Dedicatórias

Dedicamos este livro aos empresários, aos formadores de opinião, aos professores, aos estudiosos, aos filósofos, enfim, a todos aqueles que buscam promover o bem-estar da humanidade e a melhoria das condições sociais e da comunidade por meio de seu empreendedorismo, de seu trabalho, de sua dedicação e persistência.

Os autores

Dedico também, especialmente, ao professor doutor Antônio Lopes de Sá, incessante e saudoso pesquisador, sempre preocupado com o futuro das empresas como células sociais, profissional dedicado à busca da melhoria do comportamento da sociedade capitalista e da sociedade empresarial (1926–2010).

Aderbal Nicolas Müller

Um homem consolida seu futuro e seus objetivos apenas se tiver a humildade de espelhar-se naqueles que são melhores, obstinados vencedores, de caráter irrepreensível e missão definida. A fortuna me iluminou, pois, durante a minha trajetória, encontrei muitas pessoas em quem me refleti. Dedico este livro a Gustavo Adolfo, uma conduta, em todos os sentidos, admirável.

Luis Roberto Antonik

Sobre os autores

Aderbal Nicolas Müller é doutor em Ciências Sociais pela Universidade Federal de Santa Catarina (UFSC) e mestre em Ciências Sociais Aplicadas pelo Centro Católico do Sudoeste do Paraná (Unics). Especialista em Administração e Finanças pelo Centro Universitário das Faculdades Associadas de Ensino FAE (Unifae), em Curitiba, Paraná. Graduado em Ciências Contábeis pela FAE Business School. Professor e coordenador do curso de Ciências Contábeis da Unifae no período de 1997 a 2007. Atuou como coordenador do curso de pós-graduação em Contabilidade Gerencial e Auditoria e do curso de Controladoria da Unifae, e como diretor da Câmara de Perícia do Sindicato das Empresas de Serviços Contábeis e das Empresas de Assessoramento, Perícias, Informações e Pesquisas no Estado do **Paraná** (Sescap-PR) entre os anos de 1998 e 2008. É autor dos livros *Auditoria das organizações* (Atlas, 2001), *Auditoria integra*l (Juruá, 2005), *Contabilidade básica* (Pearson, 2006), *Manual da nota fiscal eletrônica* (Juruá, 2007), *Cálculos periciais* (Juruá, 2007), *Análise financeira* (Atlas, 2008) e *Contabilidade avançada e internacional* (Saraiva, 2009). Contador, consultor de empresas, empresário da Contabilidade e perito judicial. Membro ativo da American Accounting Association (AAA), da Business Association of Latin American Studies (Balas) e da Associação Científica Internacional Neopatrimonialista (Acin). Membro da Academia de Ciências Contábeis do Paraná.

Luis Roberto Antonik é mestre em Gestão Empresarial pela Escola Brasileira de Administração Pública (Ebap), da Fundação Getúlio Vargas do Rio de Janeiro. Graduado em Geografia, Ciências Econômicas e Administração. Especialista em Administração e Finanças. Pró-reitor, professor de graduação e pós-graduação da Unifae. Ex-diretor de planejamento empresarial da Telepar (atual Brasil Telecom), Telebrás e Telefônica. Ex-diretor executivo do Grupo TIM no Brasil, diretor de assuntos institucionais da RPC e diretor geral da Associação Brasileira das Emissoras de Rádio e Televisão (Abert).

Nota dos autores

Esta é uma obra adaptada do livro *O Príncipe,* de Niccoló Machiavelli (Nicolau Maquiavel).

A obra, se considerada e lida com o olhar da cultura de administração e gestão do século XXI, poderá parecer ao leitor drástica e exagerada nos modos, especialmente de tratamento. Entretanto, muitas e importantes verdades são depreendidas de *O Príncipe*, um livro escrito em 1513, publicado postumamente, em 1532, por esse italiano florentino que nasceu em 1469.

A leitura detida, estudada, mostra a atualidade dos conselhos dados por Maquiavel aos príncipes de então.

Os autores adaptaram a obra para os dias de hoje, transferindo para as empresas, gestores e, sobretudo, empresários, os ensinamentos de Maquiavel.

Os trechos de *O Príncipe* foram mantidos neste livro tanto quanto possível. Há páginas inteiras "transferidas" para os dias de hoje pela simples substituição da palavra "príncipe" pela palavra "empresário", tal é o nível de atualidade dos ensinamentos de Maquiavel.

Em verdade, a atualidade de Maquiavel reside, ao contrário do que ensinam certos teóricos da administração, muito mais na força, rigor, justiça e necessidade de ação rápida, qualidades inerentes ao homem de sucesso que geri qualquer empreendimento, do que em processos. O processo é uma necessidade indispensável, mas é inerente a qualquer negócio, já que sem grandes gestores não há negócio. Ademais, a prática e o conhecimento nos ensinaram que um pouco de maldade, estresse e desafio são indispensáveis para o bom resultado, e isso apenas se obtém com pessoas certas.

Os autores

Sumário

Prefácio

É uma satisfação poder apresentar *O Príncipe revisitado*: Maquiavel e o mundo empresarial. Trata-se de um livro com um enfoque original, em certos aspectos polêmico, mas que certamente proporcionará um relevante debate sobre a gestão de empresas.

Os autores, Luiz Roberto Antonik — que conheço de longa data por sua marcante atuação como executivo do setor de Comunicações — e seu parceiro e colega no corpo docente da universidade paranaense UNIFAE, Aderbal Nicolas Müller, propõem uma interessante análise sobre a administração de empresas nos dias atuais, guiado pelas ideias do filósofo Niccoló Machiavelli, aqui conhecido como Nicolau Maquiavel.

Para desfrutar desse bom debate, é preciso desde logo afastar a visão popularizada da obra de Maquiavel, aquela superficial, baseada apenas na incompreendida citação "os fins justificam os meios", retirada de sua principal obra, "O Príncipe". De fato, a leitura de Maquiavel, que por algumas vezes é mal interpretada, assumiu uma conotação negativa na História. Injustamente, pois as palavras do humanista florentino que viveu na Renascença são vistas por alguns apenas como coisas do mal, sem considerar o momento histórico. E, sobretudo, sem perceber que durante todo o discurso ele ensina ao seu príncipe a retidão, a justiça e os princípios.

A originalidade desta obra consiste em mostrar como ensinamentos de Maquiavel — que serviram não apenas ao "Príncipe", mas inspiraram gerações de líderes políticos e governantes — podem também inspirar empresários e executivos a enfrentarem seus imensos desafios cotidianos.

Inspirados por Maquiavel, os autores mostram que vencer no ambiente empresarial atual requer extrema dedicação, precisão e perseverança. É preciso ser firme, rápido e eficaz. Sem obstinação e rigor não há sucesso.

O leitor se surpreenderá com a atualidade do texto, mas principalmente com os conceitos que o mesmo traz para a gestão empresarial, pois permanentemente combina eficiência, rigor e o emprego da lei. Enriquecendo ainda mais o debate, os autores relacionam as ideias de Maquiavel com a de outros autores, como o escritor espanhol que viveu no século XVII, Baltasar Gracián — que pretendeu mostrar ao leitor como se dotar de habilidades e recursos que lhe permitam melhor enfrentar os desafios, as "trampas" da vida.

A riqueza do debate proposto pelos autores oxigena as ideias para nós que vivemos os desafios da vida empresarial — que se agigantam cada vez mais pelas revoluções permanentes vividas neste ambiente, como aquelas proporcionadas pelo avanço da tecnologia.

Ao final, além da originalidade dos pensamentos e analogias expostas, Antonik e Müller nos reservam uma bela lição. Não se constrói a própria sorte a partir do infortúnio alheio, não se constitui riqueza baseada naquilo que foi retirado de outros, em especial, dos empregados.

Palavras de Maquiavel.
Boa leitura!

Antonio Carlos Valente
Presidente do Grupo Telefônica no Brasil

Carta aos empresários

Caros empresários:

É costume daqueles que desejam obter as boas graças e as atenções de um empresário dar-lhe coisas caras, ou com as quais ele irá satisfazer-se e agradar-se. Desse modo, inúmeras vezes, empresários são mimados com relógios, canetas, aparelhos sofisticados e presentes dignos de sua posição e relevância e, naturalmente, Poder. Como pretendemos ofertar aos empresários, de modo geral, uma coisa qualquer para destacar-lhes nosso respeito e admiração, pelo trabalho que fazem em prol do país, não encontramos entre nossas riquezas nada que nos fosse mais valioso ou que tanto prezássemos quanto o conhecimento das ações dos grandes homens vencedores. Nesse voraz mundo globalizado, adquirido por acúmulo da longa experiência das inúmeras posições que exercemos como executivos e repetidas lições de vida, cujo conhecimento e consequente *background* fomos acumulando com muito afinco, dedicação e estudo.

Revendo esse conjunto de conhecimentos que adquirimos, enviamos agora a vocês, empresários, um conjunto de experiências reduzidas nesse insignificante livro. E com certeza vocês, empresários, considerarão este livreto indigno das suas posições e cargos importantes já ocupados, mas acreditamos que, num gesto de bondade, por considerar que nos esforçamos ao elaborar este texto, talvez venham a aceitar que ele, quem sabe algum dia, possa ser lido por vocês[1]. Isso porque não temos outro presente melhor do

[1] Machiavelli, Niccoló. *O Príncipe*. 18ª. ed. São Paulo: Hemus, 2002. p. 9.

que tentar lhes mostrar um caminho e uma lição de vida e, num breve lapso de tempo, lhes informar algo que levamos tanto para aprender à custa de atropelos e estresse.

Não enfeitamos esta obra e tampouco a deixamos repleta de frases de efeito, jogos de palavras, expressões rebuscadas e floreios, nem colocamos nenhuma espécie de lisonja nem ornamento externo, artifício muito usado por alguns para descrever ou colorir as próprias obras, pois não desejamos nenhum outro retorno no tempo que investimos nesse pequeno volume que o de conhecer um pouco mais da complexidade do comportamento dos homens e quanto isso é importante para os negócios. Muito menos queremos presumir que uma pessoa estudada, mesmo que na escola da vida, como você, empresário, possa intencionalmente tentar confabular a respeito do papel que os empresários devem exercer sobre os gestores, conselheiros, diretores e gerentes e empregados; visto que "aqueles que desenham os contornos"[2] de uma grande corporação, especialmente as multinacionais, quando estão na planície aprendem sobre os montes, e quando querem aprender sobre as planícies sobem os montes. Com o mesmo propósito, para poder bem avaliar a complexidade do mercado é preciso ser empreendedor e colocar capital sob risco, e para se dizer empresário é preciso ser "mercado" e vivê-lo intensamente.

Assim, caros empresários, entregamo-lhes este pequeno presente de palavras escritas. Se este livro for levado em consideração e lido cuidadosamente, vocês conhecerão nosso sincero desejo de que atinjam aquela grandeza de poder que uma boa carteira de investimentos e empreendimentos e demais qualidades lhes asseguram, mas, sobretudo, que as mantenham ao longo do tempo, aumentando-a e enriquecendo-a cada vez mais.

Os autores

(Adaptação do original de Maquiavel ao Magnífico Lorenzo, filho de Piero de Médici)

[2] Idem, ibidem, p 9.

Capítulo I

De quantos tipos são as empresas e quantas são as maneiras de adquiri-las

Todas as empresas ou grandes corporações que existiram e existem, exercendo influência sobre os homens, foram e são sociedades financeiras ou empresariais, fortunas pessoais constituídas por bens, notadamente dinheiro, propriedades e ações. As empresas ou são herdadas, e seu controlador é um acionista de longa data, ou são novas organizações construídas sob a égide de um homem obstinado e trabalhador. Engana-se aquele tolo que imagina que uma empresa é apenas um bom processo, cultura e fundamentos. Uma grande empresa é um grande homem, acorda cedo, dorme tarde, trabalha muito, sabe tudo, está presente, é obsessivo.

Assim, algumas destas empresas de sucesso são inteiramente novas, ou foram feitas da obsessão de um homem, tal como Ford, Microsoft e Porsche. Outras são daqueles herdeiros afortunados que receberam com o legado um império econômico para gerir, e o melhoraram, como foi o caso de Howard Huges, Abílio Diniz ou dos "Ermírio de Moraes". No segundo caso, tais patrimônios assim recebidos pelos herdeiros, seja parte de uma corporação na condição de acionista, seja como controlador absoluto de uma empresa, foram adquiridos pelos seus pais ou antepassados, graças ao trabalho incansável, ou com a sorte, como dizem aqueles que não fazem nada, ou ainda advindos das virtudes pessoais daquele que teve o mérito de acumular riqueza.

Capítulo II

Dos empresários por herança

Não falaremos da gestão das heranças em dinheiro, propriedades nem participações acionárias minoritárias, pois a manutenção de tais posses desafia pouco a inteligência dos homens. Um bom *asset manager* resolve a questão e não desgasta o herdeiro que desfruta de rendas certas. Faremos referência apenas ao controle societário de empresas e as posições acionárias, com direito a controle e gestão, e tentaremos discutir e mostrar como tais empresas herdadas podem ser gerenciadas e conservadas pelo acionista controlador. Digamos, pois, que nessa qualidade de empresas ligadas à família do acionista os óbices que se apresentam para as conservarem são menores, porque é suficiente que não se abandonem as formas de procedimento adotadas pelos seus antecessores, e também se use de contemporização com as situações novas, de modo que, se o acionista é de inteligência comum, sempre conservará a sua organização e o seu mercado, isso se não sobrevier alguma força extraordinária e excessiva que o prive de parcela do mercado de atuação, mas ainda que tal sobrevenha, sempre poderá retomá-la, por pior que sejam as condições e a força econômica do ocupante.

O homem de negócios nato sempre poderá recuperar-se, sem a necessidade de utilizar-se de artifícios, tráfego de influência ou desonestidade. É evidente, pois, que esse empresário se torne uma vítima aos olhos do mercado. Se deslizes fora do comum não o tornam odiado, especialmente falcatruas, licenciosidades e jogadas pouco éticas, é razoável que se faça normalmente benquisto pela comunidade financeira e industrial. E na antiguidade e prosseguimento do domínio perdem-se a memória e os motivos das inovações, porque uma mudança poderá vir sempre seguida da edificação de outra.

Capítulo III

Das empresas compradas e das fusões

A dificuldade de gestão está no todo, mas, sobretudo, nas empresas novas, sejam estas recém-adquiridas ou constituídas.

Primeiramente, se não é o caso de empresa totalmente nova, e sim de uma organização que teve o seu controle acionário adquirido por investidores audazes e obstinados, o chamado *takeover*, mesmo não hostil, a solidificação das mudanças de controle precedem de uma dificuldade inerente a todas as empresas novas. Isto é, o mercado financeiro vê com bons olhos quando uma organização de sucesso assume ou passa a controlar outra, e em virtude dessa crença deverá o mercado financeiro tomar maiores cautelas contra os controladores antigos e a facilitar o crédito e os trâmites aos novos controladores, pois os audazes sempre são respeitados.

Realmente enganam-se e veem pela própria experiência terem piorado, especialmente quando os investidores adquiriram empresas em ramos em que não tinham conhecimento e com fontes de financiamento nem sempre tão adequadas quanto pareciam. Tal atitude depende de outra necessidade natural e comum que leva um novo acionista a inquietar o mercado com atitudes contínuas que uma recente conquista provoca. Desse modo, seus inimigos são todos os que se julgam ofendidos com o fato de o acionista estar controlando e dirigindo a empresa sem o sucesso esperado; e do mesmo modo que o investidor ou os investidores não podem ter por amigos os que ali o colocaram, porque estes não estão satisfeitos como desejavam. O investidor não poderá usar de remédios violentos contra eles, comprometido como está com essas pessoas, pois, ainda que seja forte societariamente, precisa das boas graças das forças do mercado para assumir e controlar a organização de forma permanente e definitiva, por assim dizer. Por esse motivo, muitas organizações tradicionais, sólidas e reconhecidas compraram uma série de empresas num curto espaço de tempo e com maior rapidez as perderam. O mercado financeiro, então, que abrira as portas aos executivos dessas empresas, recupera-se do seu erro de julgamento e só faz aumentar a cautela.

Mantidas as premissas mencionadas, é suficiente para assegurar-se a posse absoluta dessas novas empresas, cujo controle acionário foi adquirido, fazer extinguir-se a linhagem dos executivos que a dominavam. Conservando as diretorias e gerências do quadro de executivos anterior, e não havendo diferenças nos modos de gerenciamento, os executivos vivem sossegados e tentem à dolência e à tranquilidade, o que não é nada interessante. Os gerentes de vendas e administradores regionais devem ser mudados, talvez, geograficamente. Um gerente fora do local que cresceu e fincou suas bases fica mais inseguro e redobra o esforço para se firmar no novo cargo. Foi o que se viu em inúmeras empresas em casos recentes e, mesmo havendo qualquer dessemelhança no estilo de gerência, os costumes são parecidos, de modo que essas empresas antigas e as novas controladas podem conviver juntas no novo conjunto, muito facilmente. Assim o investidor, para conservar as empresas adquiridas, deve ter em mira três regras: primeira, extinguir a linhagem dos antigos executivos; segunda, não modificar as regras salariais, regalias e benefícios dos empregados; terceira, quebrar a chamada cultura empresarial. Sem acabar com a cultura empresarial nenhum investidor assume de fato uma organização. Desse modo, em prazo brevíssimo, estará feita a união entre as organizações adquiridas.

Quando se compra, porém, uma empresa para fusionar em ambientes com costumes, cultura e legislação diferentes, principiam então as dificuldades, fazendo-se necessários grande habilidade e capital para mantê-la. Nos casos de fusões, as alterações devem ser cirúrgicas e radicais, para acabar com o chamado estilo ou cultura empresarial, transferindo pessoas da assumida para a dominante e vice-versa, sempre sozinhas, não permitindo jamais que levem equipes. Isso apenas faria com que os antigos feudos fossem mantidos e o acionista não conseguiria controlar a organização como gostaria e deveria. Um dos modos mais eficazes de fazê-lo é o investidor passar diretamente a dirigi-la. Estando presente, veem-se eclodir as desordens e pode-se prontamente remediá-las. Caso contrário, só se terá delas notícia quando nenhum remédio mais tiver eficácia. Ocorre que a empresa adquirida e incorporada não será espólio de executivos da dominante. Não existe um investidor que receberá apoio sem sucesso na nova empreitada e com resultados insatisfatórios. Todos aqueles que o apoiaram irão lhe virar as costas. Assim, nesse início de empreitada, logo ao assumir a empresa, o investidor deve se colocar a campo, estar presente em todas as decisões, mover-se com rapidez e produzir resultados. Caso não o faça, será sacrificado tão rapidamente que não terá sequer tempo para perceber. O mercado ficará contente com o recurso mais fácil ao investidor e daí haverá maiores motivos para apoiá-lo ou, se for o caso, temê-lo. Os ataques de fora serão mais difíceis e o investidor só a muito custo perderá tal empresa.

Outro remédio eficiente são as administrações autônomas, regionalizadas, as quais virão a ser como grilhões impostos à empresa. Se uma regional não for bem, as outras irão. Se um gerente não alcançar os resultados, os outros o farão, mas deve-se trocá-lo. É da troca estratégica, inteligente, pensada, mas frequente, que se forma uma boa equipe. Sem equipe não se chega a lugar nenhum. É sabido que as grandes organizações, em ambientes extremamente centralizadores, são péssimas na venda do produto ou na prestação dos serviços. Executivos arrogantes, soberbos, autoritários e centralizadores devem ser trocados; eles serão a sua derrocada. Um exemplo disso são as empresas no setor de telefonia que estão sendo digeridas pelas bordas, a centralização arrasou a qualidade do serviço, isso porque no início tentaram centralizar todas as decisões, inclusive as mercadológicas regionais, mas o nível de insatisfação dos clientes chegou a tal ponto que hoje vivem um momento inverso no qual tentam dividir operacionalmente e mercadologicamente o todo em pequenas partes. Na área de telefonia celular a centralização avassaladora reduziu a qualidade a tal ponto que o desempenho das companhias foi para o anedotário. Que contem melhor essa história de fracasso os órgãos de defesa do consumidor e os investidores frustrados. Se o responsável pelas ações não estiver vivendo o dia a dia, muito próximo dos problemas, o fracasso do novo investimento será total. Não é muito o que se gasta com as regionalizações, e sem despesa excessiva podem ser organizadas e mantidas. Os únicos que terão prejuízos com elas serão aqueles de quem se tomam os mercados. É também importante inserir regionalizações em locais em que não se atuava intensamente ou não se participava. Especialmente se a empresa possui grande poder econômico. Nesse caso, os prejudicados serão as pequenas empresas e negócios da nova região, as quais, dispersas e reduzidas à penúria, nenhum dano trarão ao investidor, e os que não foram prejudicados terão por isso que se aquietarem, temerosos de que o mesmo lhes suceda. Enfim, essas novas regionais não são dispendiosas, e são fiéis. Elas causam menos ofensas aos mercados locais e os ofendidos não podem prejudicar o investidor, como já mencionado. Note-se que os homens devem ser mimados ou arrasados, as empresas concorrentes destruídas ou adquiridas, pois podem superar reações de mercado leves, porém não o podem das graves. Desse modo, a ação que se faça sobre um novo mercado deve ser tal que não se precise temer a reação dos prejudicados.

Contudo, mantendo-se, em lugar de unidades operacionais regionais, atendimento ao mercado local centralizado na matriz, gasta-se mais. Sem mencionar a possibilidade de perda do mercado para outros concorrentes ou pequenos negócios locais. A consolidação de um mercado vem a ser assim, porque prejudica toda a empresa. Esses prejuízos são sentidos por todos, acionistas e investidores, e todos finalmente se tornam inimigos, passando a avaliar mal qualquer resultado. Por todos esses motivos é inútil manter atendimento centralizado ao mercado. É necessário unir ações administrativas, estratégicas e financeiras; as mercadológicas, especialmente as operacionais de contato e o trato com o cliente, jamais.

Do mesmo modo, em caso de fusões de empresas diferentes em línguas, culturas e costumes regionalizados, o acionista deve almejar ser chefe e defensor dos mais fracos e procurar enfraquecer os poderosos da sua própria empresa, além de se precaver contra a entrada de algum concorrente tão poderoso quanto ele, que estará atento às alterações de mercado, esperando por oportunidades. Sempre sucederá, pois, que os agentes da empresa incorporada, especialmente revendedores autorizados, tocados por ambição ou temor, sintam-se ameaçados. Em muitos casos essas revendas já existem no local, mantidas pela empresa dominante, e podem procurar alternativas para revender produtos de outros concorrentes, como forma de se garantirem no mercado. Se o acionista estiver atento, saindo constantemente da sua base e deslocando-se rapidamente, poderá perceber esses movimentos e manter os pontos de venda da empresa incorporada, fechando o da empresa dominante. No mundo dos negócios, muitas vezes um revendedor leal deve ser substituído por um outro revendedor mais eficiente e rentável. Nunca espere lealdade, mas resultados. Tradição não produz lucros, apenas ação eficaz pode fazê-lo.

E a ordem dos fatos é que, chegando uma poderosa organização financeira ou comercial a uma região, todos aqueles que se encontram enfraquecidos lhe deem apoio, levados pela inveja do que os assessora. Por essa mesma razão, nada custa alcançar-lhes o apoio, e de boa fé depois farão bloco com a empresa recém-incorporada. Do contrário, há o perigo de ficarem demasiado fortes e com excessiva autoridade. Então com facilidade seriam árbitros da região, exigindo comissões e outras vantagens, subjugando os concorrentes com as mesmas forças do conquistador. Aquele que não se regular bem, a esse respeito, perderá seus mercados muito depressa e, enquanto não perde, sofrerá contínuas dificuldades e dissabores.

Algumas empresas, conquistadas de novos mercados, observaram boa política a tal respeito. Organizaram regionais fortemente controladas, mas com grande autonomia operacional, sustentando as revendas menores e eficientes e menos poderosas, sem aumentar-lhes as forças, tentando criar uma concorrência saudável com os revendedores mais poderosos, e não permitiram que os concorrentes mais dotados tomassem força. Vejamos um exemplo. A Positivo Informática, embora pequena e um tanto desconhecida, graças à sua constância de propósitos e diferenciação no atendimento, nesse mercado onde os clientes normalmente são abandonados depois da venda, vem crescendo a largos passos. Regionais fortes, muito autônomas, têm feito a diferença nos resultados. Não pense, caro empresário, que os controles a que essas regionais são submetidas são menores que quaisquer outros que se conhece. A empresa Positivo Informática fez aquilo que deve fazer todo acionista prudente: não apenas prover o presente, mas prever casos futuros e preveni-los com máxima perícia, de modo que seja possível facilmente levar-lhes remédio e não permitir que se delineiem os acontecimentos, porque assim o remédio não chega a tempo, fazendo-se a doença incurável. Da tísica ou tuberculose os médicos afirmam: no princípio cura-se com facilidade e com dificuldades se conhece; mas, correndo o tempo, não tendo sido reconhecida e medicada, fácil é conhecê-la e difícil curá-la.

Acontece o mesmo com relação às empresas: uma administração presente, fora do escritório, descentralizada e ágil, com fortes controles e informações fartas enviadas diariamente ao órgão de controle, conhecendo com antecedência os males — o que somente aos homens de prudência é concedido —, rapidamente cura seus males; mas quando, tendo sido ignorados, foram deixados em aumento, a ponto de que todos os conhecem, não mais haverá corretivo a esses males. Para entender melhor o que dizemos leia a biografia de Carlos de Brito, da Ambev.

A Ambev, prevenindo as perturbações do mercado, sempre lhes deu remédio e nunca lhes permitiu seguir seu curso, para evitar desgastes e perdas de *market share*, pois conhece que a guerra é inevitável, mas sendo protelada redunda sempre em proveito de outros. Desse modo, moveu guerra a seus concorrentes, nos seus próprios terrenos, para não vir a fazê-la no seu; as empresas atacadas podiam evitá-la, mas não o quiseram. Não lhes sabia bem fiar-se do tempo para resolver os problemas, como aos sábios da época atual, mas apenas prezaram a sua própria virtude e prudência, porque o tempo arrasta consigo todas as coisas, e pode transmudar o bem em mal e o mal em bem.

Retornemos, porém, ao início deste capítulo e observemos de que modo proceder em situações idênticas. Falaremos de empresas dominantes de telecomunicações, porque estas mantiveram por mais tempo os domínios do mercado e melhor se pôde observar a medida dos seus progressos e retrocessos. O empresário verá que elas procederam de modo contrário ao que se deve fazer para manter a conquista de um mercado consumidor. Algumas, movidas pela ambição de lucros e resultados rápidos, desejaram apresentar altos lucros imediatos, desmontaram suas estruturas à procura de redução de custos, irritaram consumidores e tornaram-se o tormento dos órgãos de defesa dos consumidores. Não desejamos fazer censura ao enfoque adotado, pois o lucro imediato foi imediatamente aplaudido pelos analistas de mercado, incapazes de ver que tais empresas estavam sacrificando os lucros futuros dos seus acionistas e abrindo oportunidades para os pequenos ou para os descentralizados e personalíssimos. Cuidado com os analistas de mercado. Eles são os tolos de ocasião. Não lhes interessa o futuro. Se o lucro de hoje derrotar a empresa de amanhã, eles aplaudem.

Empresário, entenda que não somos contra o lucro. Até mesmo ensinamos que o lucro deve ser uma constante, construído com inteligência, mas não com arroubos centralizados e decididos por consultores externos. Não se constroem lucros cortando custos, mas suprimindo desnecessidades que não comprometeriam as operações futuras. Quando uma dessas empresas concluiu aquilo que chamou de processo de reestruturação, e não tendo conquistado a simpatia dos consumidores, pelo contrário, dando margem à construção de estatísticas cruéis, tendo-lhe sido trancadas todas as portas, viu-se forçada a ter as amizades políticas que podia, ou não sobreviveria.

Você, empresário, não deve ser impressionado por esses fatos, pois no âmbito dos negócios é assim mesmo que se deve se comportar. Quando errar, tente esconder; se não for possível, ignore. Se ainda assim a situação difícil persistir, culpe alguém. Hajas assim e perderás a sua empresa. Consultores rapinantes e executivos agressivos produzem lucros imediatos, entretanto, lembre-se: na manhã seguinte eles embolsam seus bônus, mas a empresa continua sua. Amargas são as lágrimas dos acionistas da Sadia.

O desejo de conquista ou manutenção monopolística de um mercado é coisa realmente natural e comum, e os homens que podem satisfazê-lo serão louvados sempre, nunca recriminados. Mas não o podendo, e querendo fazê-lo de qualquer modo, aí estão em erro, e merecem censura. Replicamos que não se deve consentir em um mal para se evitar a guerra, pois que não se evita esta, apenas se adia, para desvantagem própria. Tira-se daí a regra geral, que jamais ou muito raramente falha: quando um é causa do poder de outro, arruína-se, pois aquele poder origina-se da astúcia ou da força, e qualquer destas se torna suspeita ao novo poderoso.

Capítulo IV

Como manter empresas com administrações familiares ou não profissionalizadas

Considerados os óbices com os quais se deve contar para manter um mercado conquistado, causaria espanto o fato de que algumas empresas conseguem em pouco tempo erguer um novo negócio, prosperem e cresçam, ao contrário do que seria razoável. Também é notável que os sucessores e familiares de um empreendedor de sucesso, não raras vezes, mantenham-se presos a impedimentos, vaidades e mesmo ambições pessoais, pois são características dos homens pequenos e esses devem manter-se atentos apenas à própria ambição. Os parentes e familiares dos donos têm domínios e súditos próprios, que os reconhecem como senhores e dedicam-lhes naturais afetos.

Observa-se sempre que as empresas familiares, cuja memória conservamos, apenas de dois modos se governam e se gerenciam: ou por acionista auxiliado de executivos profissionais, que na direção da organização não são apenas servos que exercem função somente por graça e concessão; ou pelo dono da empresa e seus parentes, os quais, não por favor deste ou daquele, mas por tradição de sangue, possuem essa qualidade exímia de administração, o que é muito comum. O segundo tipo invariavelmente enfrentará problemas de sucessão e com poucas exceções sobreviverá.

Nas empresas familiares dirigidas pelo acionista e seus executivos profissionais há supostamente maior chance de sucesso, visto que em toda a sua área de autoridade não há ninguém que seja tido como superior ao executivo chefe. Todos que gerenciam obedecem a outrem e o farão obrigados do cargo que exercem e não porque lhes tem menor afeição. Mesmo tendo os acionistas familiares se recolhido ao "conselho", não estão eximidos de manter estrito controle dos executivos profissionais.

Desses dois tipos de gestão temos os exemplos em nossos tempos — o Grupo Pão de Açúcar do passado e o atual. A gestão atual possui um "homem forte" exercendo o cargo de gestor que, tendo dividido o conglomerado em áreas operacionais, tem executivos que muda e desloca como lhe apraz, sempre no interesse dos negócios, nunca em nome das suas vaidades. Caso um desses profissionais não apresente o resultado esperado, é imediatamente substituído por outro que melhor se adapte ao estilo do Grupo. No passado, essa mesma organização estava em meio a uma porção de senhores feudais, interligados por laços familiares e vaidades, cujo domínio se prendia à tradição, e que eram, em suas respectivas áreas, reconhecidos e estimados por seus empregados, nunca temidos pela suas capacidades. Essas pessoas da família são muito poderosas, e o presidente da organização não pode privá-las de suas regalias sem correr ele próprio grave perigo, pois toda a empresa está à mercê de seus humores e vaidades. Quem analisa, portanto, estas duas situações, da empresa familiar do passado com a profissional de hoje, achará difícil disputar mercados com o atual Pão de Açúcar. A razão da dificuldade está no fato de não ser possível investir em uma organização bem estruturada e com um controle de autoridade ágil e feroz, nem esperar que ela facilite com a revolta dos que a rodeiam em nome de interesses pessoais. E isso em virtude dos motivos já referidos. É que todos, sendo empregados, mais dificilmente se corrompem, ao contrário do pensamento popular. Cuida-se melhor daquilo que não pertence a si, como regra geral, e é sabido que se viessem a ser corrompidos, pouca vantagem obteriam, uma vez que eles não poderiam arrastar as decisões contra a empresa, o que também se entende pelos motivos apontados. Disso, conclui-se que, quem se puser em marcha contra o Pão de Açúcar de hoje, seja para comprar o controle, seja para atacar um mercado em que ele atua, deverá, se preocupar com o fato de encontrá-lo unido, sendo-lhe mais conveniente confiar nas forças próprias do que nas desordens dos outros. Ele não está unido por laços de carinho, amor nem amizade, mas pela força e obstinação do acionista controlador.

Mas, como mencionamos no segundo caso, vencida e desbaratada a luta, de maneira a não lhe ser possível refazer as forças, não se precisaria preocupar--se senão com o sangue desse tenaz executivo e maior acionista. Extinto esse homem, não haveria a quem mais temer, pois os demais não têm o domínio sobre os outros profissionais. E, do mesmo modo que antes da vitória não podia o vencedor esperar nada dele, depois da conquista não deve temê-lo. São raras as organizações estruturadas em processos que obtêm sucesso após o desaparecimento do controlador. O processo é inerente, mas por si não se constitui receita de sucesso. O que é realmente comum são homens vencedores, em caráter personalíssimo. Como regra, as organizações não existem. O que existe é o homem que está por detrás delas. Uma vez que ele desapareça, a organização definha, mesmo que permaneça o processo. Essa é a regra. Existem exceções, mas são poucas. Do mesmo modo poder-se-ia falar da qualidade, pois pensam alguns que, sem qualidade, não há sucesso. A qualidade, assim como o processo, é inerente a qualquer sistema organizacional, e não significa fazer benfeito, mas fazer sempre igual. Porquanto, assim como processos, não basta, são precisos homens obstinados.

Em tais empresas familiares do segundo tipo, é possível entrar com facilidade na organização, pela aliança com algum tipo qualquer de mercado, dado que existiam sempre aparentados descontentes ou pessoas ansiosas por inovações. Relações familiares sempre provocam invejas e disputas. Dolência e licenciosidade não podem ser punidas quando praticadas por alguém da família. Não há como demitir um irmão. Esses elementos, pelas razões que já expusemos, poderiam fechar o caminho e dificultar a vitória neste ou naquele mercado, ou em algumas áreas da empresa. Tal empresa, uma vez adquirida por um outro acionista ousado e visionário, para ser conservada, teria inúmeras dificuldades que criariam não apenas os que possuíam privilégios dados pela "família", mas ainda os que inicialmente auxiliaram a empresa. Ao assumir uma empresa, não basta extinguir o sangue do acionista tenaz que descrevemos. Restam aqueles barões, senhores poderosos, que vêm a ser cabeça de novas rebeliões, com suas ideias próprias. E, não sendo possível contentá-los ou extingui-los, o novo dono perderá o mercado e a empresa, na primeira oportunidade que os favoreça.

Agora, considerando-se a natureza do estilo gerencial e diretivo do executivo que atualmente controla o Pão de Açúcar, que é semelhante à daqueles homens que a história registrou como receita incontestável de sucesso. Aparece pouco ou quase nada nas colunas sociais. É o primeiro a chegar ao trabalho e também o último a sair. Conhece tudo e todos. Não confia em ninguém, a não ser no próprio instinto. É doce, mas incapaz de poupar um ato errado. É cruel quando necessário, mas nunca deixa de ser justo. Em sua administração não existe a frase: "na próxima vez". Se uma vez foi necessário para esse homem desbaratar o inimigo em bloco após a divisão da família, teve a empresa segura e firme, conforme as observações que anteriormente fizemos.

Conta a história que um militar tirano dirigia com mão de ferro uma guarnição avançada ao meio do deserto do Saara. Tal era a sua dureza, força e tirania, que os seus subordinados amotinaram-se certo dia e o colocaram-no a ferros nos porões da guarnição. O tempo passou e eles foram felizes. Certo dia, o forte foi atacado por temíveis Tuaregs. Os oficiais reuniram-se para examinar a situação e tomar providências de defesa. A primeira, pasmem, foi libertar o tirano aprisionado, pois sem uma direção forte e firme, eles não teriam nenhuma chance contra os bárbaros homens do deserto. Os oficiais revoltosos, tivessem eles se mantido unidos, poderiam desfrutar ociosos aquele reino. Não houve aí outras turbações, senão aquelas que eles mesmos provocaram. Os homens comuns, entretanto, não têm essa capacidade de chamar alguém da família para salvar o forte. Eles pensam em si mesmos e nas suas próprias vaidades. O homem, por natureza, não respeita o carinho e a cortesia. Nada lhe é mais instigante e lhe serve para afirmar a lealdade e a dedicação que a força. Dessa forma se explicam os constantes problemas vividos pelas empresas, especialmente as grandes multinacionais que atuam na área de serviços e indústria. Não possuem uma governança corporativa efetiva. Há mais pessoas mandando e decidindo que o necessário. Os executivos vivem num mundo fora da sua realidade. Tais empresas se mantêm por três razões: inércia, monopólio e gigantismo econômico. O consumidor as suporta por falta de opções. Ao menor ataque ou dificuldades, desabam. Consideradas, portanto, essas coisas todas, não haverá quem se espante com a facilidade com que o atual executivo do Pão de Açúcar consolidou sua vitória nesse segmento de extrema competição e margens estreitas, nem com as dificuldades que outros tiveram em conservar as empresas adquiridas. São contingências originadas, não do mérito do vencedor, mas das diferenças entre os modelos existentes.

Capítulo V

Do modo de manter empresas concorrentes compradas

Quando são compradas empresas que antes nos faziam concorrência e que estavam habituadas a governar-se por leis próprias e em liberdade, agindo contra o mercado sem escrúpulos, por três modos deve-se tratá-las: primeiro, arruiná-las; segundo, dirigi-las pessoalmente; terceiro, deixar que ajam do modo como vinham fazendo, mantendo sua atuação no mercado e criando uma gerência de poucos, que se mantenham fiéis a você na direção, cujo executivo principal saiba que não sobreviverá sem a sua amizade e poder e, evidentemente, tudo fará para conservar a posição. Por meio de seus próprios empregados, com maior facilidade se conservará a direção de uma empresa acostumada à liberdade do que de outra maneira qualquer.

Exemplifique-nos a história de espartanos e romanos. Os primeiros criaram em Atenas e Tebas um governo oligárquico: tornaram a perdê-las. Os romanos, visando manter a posse de Cápua, Cartago e Numância, destruíram-nas. E não as perderam. Desejaram, contudo, governar a Grécia como os espartanos, fazendo-a livre e conservando-lhe as leis. Não o puderam e viram-se obrigados a destruir muitas cidades para manterem-se no poder. Para manter-se no poder, às vezes é necessário destruir uma empresa.

É que, de fato, nenhuma garantia de posse é mais segura do que a ruína. Quem se faz dono de uma empresa concorrente e não a destrói, mantendo-a, por ela se verá destruído. Destruir não significa fechar. Essas empresas trazem sempre por bandeira, em qualquer situação, a liberdade e suas antigas regras gerenciais, que jamais esquecem, nem com o passar do tempo nem com a influência dos benefícios recebidos. Por muito que se façam benefícios aos empregados e dirigentes antigos, sejam quais forem as precauções tomadas, não sendo promovido o dissídio e a desagregação dos empregados antigos, não os deixam de recordar aqueles princípios e, em qualquer oportunidade, em qualquer situação, recorrem a eles. Entretanto, quando as empresas adquiridas habituam-se a viver sob o domínio de um novo empresário, destruída a base gerencial antiga — porque estão acostumados a obedecer e, faltando-lhes o gerente e líder antigo, não se lembram de eleger, entre eles mesmos, um novo —, não sabem viver livres. Desse modo, são pouco habituados a fazer pequenas revoltas internas e, em tais circunstâncias, mais facilmente se ganhará a estima dos empregados comuns e subalternos e assegurar-se-á sua fidelidade. Nas empresas compradas, porém, há mais vida, o ódio é mais inflamado e é sempre grande o anseio de retornar ao modo anterior de trabalhar. Não deixam nem podem permitir que repouse a lembrança da cultura organizacional perdida.

Assim sendo, para manter o mercado de uma empresa recém-adquirida, o caminho mais aconselhado é destruir sua cultura, removendo ou transferindo todos os dirigentes e gerentes antigos dentro de um período de tempo pré-programado, ou você, empresário, administrá-la pessoalmente.

Capítulo VI

Os novos empreendimentos são construídos pela força, mas com nobreza

Não deve parecer estranho a quem quer que seja que citemos longos e frequentes exemplos, a propósito de empreendedores e investidores, durante a exposição que fazemos dos mercados. Os homens percorrem quase sempre estradas já andadas. Leia biografias, veja como venceram os virtuosos e foram derrotados os medíocres. Um homem prudente deve, portanto, escolher os trilhos já percorridos pelos grandes homens e imitá-los; desse modo, ainda não sendo possível correr fielmente por esse caminho, nem atingir pela imitação inteiramente às virtudes desses grandes, muita coisa é sempre aproveitada. Deve-se agir como os seteiros prudentes que, desejando alcançar um ponto muito afastado e sabendo a capacidade do arco, fazem a pontaria em altura superior à do ponto que visam. Não o fazem certamente para que a flecha alcance aquele ponto. Servem-se da mira elevada somente para acertar com segurança o local mais abaixo.

Nos mercados novos, regidos por acionistas novos, na luta pela conservação do *market share*, os obstáculos colocam-se na razão direta da capacidade de quem os conquistou. E, dado que o fato de elevar alguém à qualidade de investidor faz supor capacidade de gestão e capital, certamente qualquer dessas razões tem o condão de mitigar muitos óbices. Entretanto, é rotineiro observar que muitos dos que foram menos afortunados se mantiveram no controle ou no domínio do mercado por maior espaço de tempo. Muitas facilidades ainda decorrem do fato de o investidor novo ser obrigado a ocupar fortemente um mercado conquistado por não possuir outras alternativas de expansão. Para exemplo daqueles que fizerem fortuna pelo seu valor, e não por herança, citamos como os maiores Samuel Klein e Luiza Trajano. Consideremos, contudo, Samuel Klein e outros que adquiriram e fundaram verdadeiros impérios. Achamos todos dignos de admiração. Levando-se em consideração os seus atos e ordens particulares, eles não discrepam daqueles que muitas vezes receberam impérios por herança e tiveram a competência não apenas de mantê-los, mas de ampliá-los também. Examinando-lhes vida e ações, chega-se à conclusão de que eles não receberam da vida senão a ocasião de poder moldar as coisas como melhor lhes aprouveram. Sem aquela ocasião suas qualidades pessoais teriam se apagado, e sem essas virtudes a ocasião lhes teria sido inútil. Portanto, era preciso a Samuel Klein ter o mercado brasileiro, escravo e oprimido das grandes redes de eletrodomésticos, a fim de que, para se livrarem da escravidão e mesmice mercadológica, estivessem propensos a aceitar o modelo de vendas das Casas Bahia, baseado na simplicidade e aderência às condições econômicas e sociais dos brasileiros. As empresas que fracassam não possuem aderência administrativa e comercial. Por um lado, quando seus donos ganham algum dinheiro, acham-se deuses e passam a viver e a agir fora dos padrões que os levaram a vencer, esquecem dos seus amigos, do seu meio de vida e, principalmente, abandonam os clientes. Assumem uma realidade que não lhes pertence. Os bancos e financistas de ocasião, aqueles que vivem da bajulação e da coluna social, investem dinheiro e reputação nessas empresas, para depois perderem tudo. Exemplos como o dado pelo Banco Santos acontecem todos os dias. As pessoas, de modo geral, aplaudem tais tipos de atitudes, levianas e fúteis. Analistas de mercado, que poderiam fazer a diferença e atacar aquele tipo de vida e comportamento, nada fazem. Pelo contrário, passam a tentar viabilizar o modo de vida vazio daquela organização, levando o mercado como um todo a perder. Os analistas de mercado precisam descer dos seus pedestais e passar a agir como homens maus do sistema. Investidores que não andam na linha, gastam de forma perdulária, misturam as atividades comerciais com a vida social, precisam ser banidos, criticados, sem medo e sem piedade. Basta de hipocrisia! O Banco Fator tem mostrado enorme sucesso na gestão de fundos, especialmente de pequenas empresas, as chamadas *small caps*. A receita? Simples. Eles investem nas ações das empresas, mas exigem palpitar na gestão. Interferem, demandam, desmascaram e reclamam. Se essa fosse a tônica dos analistas de investimentos e mercado dos grandes fundos, a eficiência destes investimentos, por certo, melhoraria muito.

Há os que, pela virtude própria, do mesmo modo que se fazem donos de grandes impérios econômicos, conquistam com dificuldade o mercado, mas com facilidade se conservam. Os obstáculos que encontram na conquista dos mercados nascem em parte da nova ordem legal e costumes que são obrigados a introduzir para a criação da sua empresa. Deve-se observar aqui que não há coisa mais difícil, nem de êxito mais duvidoso, nem mais perigoso, do que o estabelecimento de novos paradigmas mercadológicos e novas regras de administração. O novo empreendedor terá como inimigos todos os que eram beneficiados pelas leis antigas e tímidos defensores naqueles que forem beneficiados pelo novo *status quo*. Tal fraqueza decorre, em parte, por medida dos adversários, em parte pela incredulidade humana, que não crê na verdade das coisas novas senão após firme experiência. Advém disso que os adversários, quando têm oportunidade de atacar, fazem-no ardentemente, e os demais os defendem sem entusiasmo do investidor ousado e inovador.

É preciso, portanto, desejando expor de modo bastante claro esta parte, examinar se esses inovadores agem por conta própria, firmemente, ou dependem de outros. Isto é, se para levar avante sua obra precisam rogar algo a alguém ou se realmente podem forçar. No primeiro caso, sempre serão mal-sucedidos e nada conseguem. Quando, porém, não dependem de ninguém, contam apenas consigo mesmos, podem forçar e dificilmente deixam de obter êxito. Desse modo, todos os profetas armados venceram, e os desarmados conheceram fracasso. Pois, além do que ficou dito aqui, a natureza dos povos varia, sendo fácil convencê-los de uma coisa, mas difícil firmá-los nessa convicção. É conveniente, portanto, providenciar para que, quando não mais acreditarem, possa fazê-los crer à força. Samuel Klein e Luiza Trajano não teriam construído os seus impérios se, após ganharem algum sucesso, tivessem se deixado levar pelas leviandades e glórias alcançadas pelo novo *status* econômico, metendo-se em devaneios próprios de sua nova ordem social e econômica. Eles se mantiveram fiéis aos clientes que acreditavam em seu negócio. É o que, no passado recente, de modo contrário sucedeu com a Varig. A empresa fracassou nas suas inúmeras tentativas de reforma e reestruturação, quando o povo e o mercado passaram a não acreditar nas suas possibilidade de recuperação. E ela não possuía os meios de conservar firmes os que nela haviam acreditado no passado nem de conseguir que os incrédulos cressem. Os empregados gestores pensaram em si, não na empresa. O socialismo não prospera. Esse tipo de gestão é a crônica da morte anunciada. Você tem ações de uma empresa assim? Venda enquanto pode.

Pessoas em condições tais como as ilustradas antes lutam com imensas dificuldades para conduzir-se, mantendo-se em seu caminho pela coragem. Vencidos os obstáculos, passam a ser venerados e, destruídos os que invejavam as suas qualidades, tornam-se poderosos, seguros, honrados e felizes.

A esses exemplos tão elevados desejamos acrescentar outro menor em relação àqueles, mas que será bastante interessante. Trata-se de Antônio Ermírio de Moraes. Ele acorda cedo, dorme tarde, não aparece nas colunas sociais e é extremamente sério e obstinado com os resultados. Sempre criticado por seus ternos mal cortados e desarranjados. Fazendo-se principal executivo do Grupo Votorantim, está entre aqueles que da fortuna não tiveram senão a ocasião. Nesse cargo mereceu chegar a principal controlador do Grupo. E tanta virtude revelou, mesmo na vida privada, que dele ficou dito: "*quod nihil illi deerat ad regnandum praeter regnum*"[3].

Fez extinguir a antiga administração, organizou nova, deixou as antigas amizades, fez outras, e porque tivesse amizades e executivos seus, de total confiança, pôde, sobre bases tais, construir as obras que desejou, tanto que muito esforço despendeu em conquistar, e pouco para se conservar.

---

[3] Idem, ibidem, p. 28. Para reinar nada lhe falta a não ser um reino. (tradução nossa)

Capítulo VII

Os novos empreendimentos construídos com forças externas

Aqueles que apenas por sorte ou sem esforço se tornam empresários mantêm-se nesta posição com muita dificuldade, sem dúvida. Como regra geral eles não têm disposição nenhuma para serem éticos, porque o negócio lhes caiu no berço. Esse fato sempre acontece quando um novo mercado for "dado" ao empresário por corrupção, por dinheiro na forma de propina, ou simplesmente como um favor de quem o concedeu, como uma herança de família, por exemplo. No Brasil, no auge da estatização da economia, muitas empresas de energia elétrica e telecomunicações "alimentavam" fornecedores que vieram a desaparecer logo após a privatização, pois operavam por métodos e modos não muito convencionais para manterem seus privilégios. Com a privatização elas deixaram de existir ou assumiram a sua insignificância.

É também do modo como mantinham algumas organizações no auge da economia estatal que simples cidadãos alcançam posições importantes, ocupando cargos, ganhando dinheiro e posição social pela corrupção das pessoas. Esses "pseudoempresários" acham-se na dependência exclusiva da vontade e sorte de quem lhes deu o mercado para explorar uma concessão pública ou um contrato com o governo, por exemplo. Eles também são malvistos na vida privada e não sabem ou não podem manter o negócio. Eles sabem que, se não são homens de elevada capacidade e virtude, não é razoável que, vivendo sempre em condições diversas, saibam comandar uma organização. Não podem gerenciar porque não possuem forças que lhes sejam amigas e dedicadas. Além do mais, as empresas que apareceram repentinamente por meio da concessão de favores, da mesma forma como todas as outras coisas da natureza que evoluem muito rapidamente, não podem ter raízes, nem membros em proporção e, ao primeiro desafio ou crise, acabam-se e vão à falência. A não ser que esses supostos empresários, como dissemos, estejam preparados para conservar o que a sorte lhes deu de presente, o que não é muito comum, e firmem solidamente os alicerces das organizações construídas com esse recurso antes de seus negócios desaparecerem.

Desses modos de se fazer um empresário, pelo valor ou pela sorte, queremos lembrar dois exemplos históricos citados no original de Maquiavel: Francesco Sforza e César Bórgia. Francesco que, por meios apropriados e por grande valor, de um simples cidadão chegou a duque de Milão e pôde conservar com facilidade aquele poder que conquistara à custa de muito trabalho. Por outra parte, César Bórgia, apelidado pelo povo Duque Valentino, conquistou o estado com a fortuna do pai e, não tendo habilidade e muito menos sorte, a perdeu, apesar de ter tudo o que deveria possuir um homem prudente e valoroso para criar raízes nos estados em que as armas, a força e a sorte de outros lhe proporcionaram.

É que, como já foi dito, quem não firma antes os alicerces poderá entregar-se depois a esse trabalho, se é possuidor de grande capacidade, se bem que com amolação para o arquiteto e perigo para o edifício. Considerando-se, então, todos os progressos do Duque Francesco Sforza, ver-se-á que ele traçou formidáveis alicerces para a sua futura potência. Não acreditamos que seja perda de tempo falar a esse respeito, porque não poderíamos desejar melhores normas para oferecer a um empresário novo do que o exemplo das ações do Duque Sforza. E, dado que não tenha aproveitado bem as suas estratégias, cuidadosamente predefinidas, o insucesso, se houve, não foi sua culpa, mas força de grandes reveses da sorte.

Podemos relembrar, em nossos dias, os episódios que cercaram as conquistas, o triunfo e a decadência fatídica de um empresário brasileiro, conhecido por seu indescritível tino no lidar com as pessoas, Sr. Paulo César Cavalcante Farias, que ficou conhecido como PC Farias. Sua trajetória foi marcada por ter se tornado peça fundamental no processo que chegou ao seu ápice com o primeiro *impeachment* da América Latina, em 1992.

Algumas fontes chegam a afirmar que os atos praticados por PC Farias e as forças alheias que o conduziram e depois o retiraram trouxeram da parte de outros empresários volumes de muitos milhões de dólares. Diante disso tudo, temos de reconhecer que tal governo foi o grande responsável pela abertura de mercados internacionais em nosso país, trazendo inequívoca modernização e progresso, em uma época que se tratava como descaminho qualquer importação de equipamentos de informática, incluindo disquetes de computador. O presidente Collor chegou a denominar nossos carros, de forma pejorativa, de "carroças". Os argumentos que reinavam eram os de suposta "proteção" aos fabricantes nacionais. Os esquemas de corrupção eram inúmeros e estavam todos reservados pela imprensa. Nesse exemplo podemos identificar a fragilidade de um grande líder, não se sabe se por tolice ou arrogância, que confia sua posição e suas armas a um "testa de ferro", fechando os olhos e confiando. Todos os tolos de triste fim confiaram em alguém cegamente.

Não achamos razão para censura nas ações do Duque César Bórgia; quer-nos parecer, ao contrário, que ele deve ser proposto como exemplo a todos os que por sorte e com as armas alheias subirem ao poder. Pois, sendo de espírito forte e de grande ambição, não podia governar de modo diverso. Aos seus fins apenas se opuseram a brevidade da vida de Alexandre VI e a sua própria enfermidade.

Portanto, se você acredita que seja necessário, num empreendimento novo, prover-se contra os inimigos, fazer amigos, vencer quer pela força, quer pela astúcia, fazer-se amado e temido pelos concorrentes, ser seguido e ganhar o respeito dos seus subordinados e colaboradores, extinguir os que podem ou devem ofender, renovar as instituições antigas por leis novas, ser severo e agradecido, magnânimo e liberal, extinguir a equipe infiel, formar nova, consolidar amizades dos empresários, políticos e outras pessoas importantes, de maneira a lhe serem solícitos no benefício e temerosos de ofender-lhe, torno a repetir que exemplos melhores você não encontrará nos atos do duque César Bórgia. Pode-se acusá-lo apenas quanto ao apoio à nomeação do sucessor de seu pai, Alexandre, o papa Júlio II, escolha má, pois, como ficou dito, não podendo eleger papa a quem desejava, podia evitar que o fosse quem não quisesse. Nunca escolha um ex-inimigo para um posto maior que o seu.

Ele jamais deveria consentir que se fizesse papa um dos cardeais a quem ele tinha ofendido no passado ou que, tornado papa, tivesse de temê-lo. Porque os homens ofendem ou por medo ou por ódio. Aqueles aos quais ele ofendera eram, entre outros, cardeais. O duque devia, pois, trabalhar para a eleição de outra pessoa para papa. Erra quem julga que os benefícios novos levam ao esquecimento de antigas injúrias. Não se deve imaginar que uma pessoa que ofendemos no passado venha a esquecer tais injúrias apenas porque lhe fizemos algo de bom posteriormente. É como um prego cravado na madeira. Pode-se arrancá-lo, mas a marca indelével ficará gravada para sempre. O duque César Bórgia, portanto, errou nessa eleição. Ele mesmo causou a sua definitiva ruína. Assim como PC Farias e o próprio ex-presidente Collor. Ambos erraram em suas escolhas, deixando-se à deriva no que se refere às forças ocultas e à mão invisível, para lembrar também de Jânio.

Capítulo VIII

Aqueles que se tornaram empresários pela artimanha

Dois são os modos de se tornar acionista controlador de uma empresa, e que não podem ser atribuídos inteiramente à fortuna ou ao valor da pessoa: a artimanha e o crime. Não nos parece bem, pois, deixar de relatar sobre esses casos, ainda que deles se pudesse falar mais longamente onde se trata das empresas. Controlar uma organização pela maldade e por artimanhas, por caminhos tortuosos, contrários a todas as leis humanas e divinas, especialmente por meio de "jogadas" e truques jurídicos, algumas vezes até mesmo legais, mas na maioria das vezes imorais, não é correto e, no longo prazo, não prospera. Tornar-se controlador de uma empresa por favor, subterfúgios e esquemas políticos é sempre mal percebido pela sociedade. Para fazermos referência a esses modos, citaremos dois exemplos, sem entrar porém no mérito das partes, especialmente não mencionando nomes, pois julgamos que seria bastante estimulante e prejudicial aos mais jovens imitá-los, se estivessem em condição de fazê-lo.

Emílio Arcanjo chegou à posição de acionista controlador de um grande conglomerado que atua na área de prestação de serviços, embora com uma ínfima participação acionária, sendo não apenas de impura, mas de condição abjeta. Filho de classe média alta, viveu sempre se destacando pela capacidade e brilhantismo em sua fase acadêmica. Mostrava-se sempre muito dedicado aos estudos e obstinado quanto aos resultados daqueles projetos aos quais se entregava. Arrogante e superior, mostrava-se para todos: futuro brilhante o esperava. Ainda nos tempos de faculdade, já como aluno de pós-graduação, foi indicado por um professor para administrar os negócios de uma destacada família. Utilizava-se de estratégias pouco convencionais, aproveitando-se de contatos, favores e informações com tanto vigor de espírito e de corpo que, incorporando-se logo aos negócios, chegou ao topo da organização, fazendo uma pequena fortuna ainda muito jovem, não por honestidade e correção, mas por virtude de sua inteligência e esperteza. Nesse posto, cogitou chegar ao controle total da organização e manter por atos pouco convencionais e sem obséquio de outros aquele poder que lhe fora dado pelo empresário que o contratara confiando em suas honestidade e lealdade.

A respeito deste seu propósito de acumular poder e dinheiro a qualquer custo — pois pessoas desse tipo julgam que todos são tolos e que estes Deus colocou no mundo para serem explorados —, aproximou-se de pessoas altamente influentes, ligadas ao mando, muitas das quais de "dentro do poder", construindo estratégias e complexas estruturas organizacionais de controle societário que iriam atuar na compra de controles acionários de empresas que então se colocavam à venda. Utilizou também recursos de fundos internacionais que inexplicavelmente aliaram-se a tal tipo de negócio, fato que raramente acontece, pois esses fundos são dirigidos por extremas e rígidas regras de conduta, especialmente quando atuam em países em desenvolvimento, jamais unindo-se a pessoas de imagem duvidosa ou de passado pouco recomendável. Por outro lado, no campo político, articulou e conseguiu que um grupo de fundos nacionais lhe desse mandatos absurdos, com poderes ilimitados para agir em seu nome, mesmo que aquilo resultasse em prejuízos dos próprios fundos.

A tudo arranjou e controlou com muita habilidade e competência, não se pode negar. Não satisfeito, além da grande entidade financeira internacional e dos fundos, negociou com ingênuas empresas internacionais, que por incompetência e falta de profissionalismo uniram-se a ele nessa empreitada, colocando imensas fortunas nos negócios a serem dirigidos por ele.

Uma vez alçada a condição de acionista controlador, legalmente investido por meio de uma incompreensível estrutura acionária e societária de controle, imediatamente começou a praticar atos que vinham contra os interesses dos demais sócios, afastando-os do poder por meio dos acordos que estes haviam assinado, dando-lhe o comando das empresas. Imensas batalhas jurídicas se seguiram, traições, falcatruas, tramas e ações na Justiça tornaram a situação insustentável a tal ponto que não restou aos lesados admitir seu amadorismo e incompetência e tentar retirar os poderes que outrora concederam a Emílio por meios judiciais. Mesmo com a razão, legalmente falando, nenhuma situação como essa se sustenta por muito tempo. Pensar assim é subestimar a inteligência do magistrado, imaginando que essa figura da sociedade pode ser a de um alienado, quando não é. Essa figura jurídica, não obstante julgar essencialmente pela lei, sempre pode colocar um pouco de má vontade no seu parecer, sabendo da vida pregressa e enganosa que leva uma pessoa de má índole e de intenções duvidosas, como Emílio, ao poder.

Não se pode considerar ação meritória a tarefa de enganar sócios e antigos parceiros, seus concidadãos, trair os amigos, não ter fé, não possuir nem ética, nem religião, nem piedade. Ainda assim, pode-se com isso conquistar o mando, nunca a glória. Considerada, porém, a habilidade de Emílio Arcanjo em entrar e sair dos perigos, e sua fortaleza de espírito para suportar e superar as coisas contrárias, não há nada que possa levar a julgá-lo inferior a qualquer dos mais ilustres executivos. Entretanto, a sua bárbara crueldade e falta de valores morais para com os sócios ingênuos, e os seus vários truques, não permitem que seja celebrado entre os mais ilustres homens da história. Não se pode, portanto, atribuir à fortuna ou ao seu valor aquilo que ele alcançou sem uma nem outro.

Podemos relatar outro caso. Em tempos passados, um rapaz insuportavelmente talentoso trabalhava para um empresário de sucesso chamado Felipe Paraná. Nos primeiros anos da sua carreira dedicou-se com extremo afinco aos negócios. Embora sem formação adequada, era um mestre na administração e gerência. Duro, obstinado e arrogante, era uma dessas pessoas que normalmente classificamos como *workaholic*. Em breve tempo, como era engenhoso, forte e destemido, tornou-se o primeiro homem de sua corporação. Pareceu-lhe, contudo, coisa abjeta continuar servindo a Felipe como os outros e, ajudado por alguns antigos executivos da empresa, que deram preferência à sua gestão, tomou para si a empresa. Manejando as contas e as finanças insidiosamente, João Madeira, como era chamado, foi aos poucos assumindo os controles e aproveitando-se da ingenuidade do patrão — que colocara todos os negócios em suas mãos, pois o considerava como pessoa de estrema confiança —, assumindo para si todas as propriedades e empresas de Felipe Paraná. É claro que isso não transcorreu em breve tempo, mas desenrolou-se ao longo de anos. Dada a sua extrema competência para os negócios, João Madeira tornou-se homem de grande riqueza e controlava com mão de ferro um grupo de empresas, jamais confiando em ninguém, sempre desconfiando de todos. A seus empregados atemorizava com ameaças e, se possível, guardava sobre eles alguma coisa escusa que pudesse ser utilizada em seu proveito no futuro. Ele os tinha nas mãos, como se diz popularmente.

Assim, caro empresário, nunca confie em ninguém. Aquele que se entrega, acredita em palavras de astutos, fica pobre cedo. Trabalhe com fatos, percorra tudo pessoalmente, coloque gerentes para controlar gerentes. Tirar o que não lhe pertence faz parte da natureza do homem, somos todos assim. Não dê chance para que alguém exerça esse instinto. Como dizem os sábios, três coisas movem os homens: a posse, o poder e a fama. João Madeira tinha os dois primeiros, mas faltava-lhe o último. Assim, lançou-se na política, ocupando vários cargos. Como tratava-se de pessoa absolutamente sem escrúpulos e de nenhum valor moral, aproveitou-se de todas as situações para aumentar exponencialmente o seu patrimônio. Houve até uma época que inexplicavelmente foi alçado à condição de presidente de um grande projeto de investimento por um ingênuo banqueiro. O projeto foi concluído com o dobro do orçamento. O banqueiro perdeu o dinheiro e o amigo.

Depois desses homicídios coletivos, João Madeira consolidou o seu poder. Era temido por todos, mas embora as pessoas sérias o respeitassem, não se dispunham a serem notados em público ao seu lado. A história desse homem, que enganou e se tornou acionista controlador da empresa do seu benfeitor, é um exemplo de vida. Aqueles que ele dirigia, cheios de temor, viram-se sempre obrigados a obedecê-lo e a formar uma governança de que ele era o chefe. E, eliminados todos os descontentes que poderiam estorvá--lo, fez-se forte por novas regras, de modo que, durante o tempo em que esteve à frente do grupo de empresas, não apenas conseguira se assegurar da gestão da organização, mas ainda tornar-se temido por todos os seus concorrentes e desafetos. E difícil seria tomar-lhe parcela do mercado ou vencê-lo numa concorrência.

Causaria surpresa a alguém o fato de que Emílio Arcanjo e outros tais, após tantas traições e crueldades, vivessem tranquilamente e a salvo reclusos em suas casas, defendendo-se dos inimigos externos, e de que os minoritários e sócios que eles lesaram não conspirassem contra eles, levando-se em conta tanto mais que muitos outros não puderam, por sua crueldade, manter o mando, nem em tempos de paz, nem em tempos duvidosos de guerra. Creio que isso seja consequência de que as crueldades são mal ou bem praticadas. Bem utilizadas, se bem se pode dizer do mal, podem ser chamadas aquelas ações feitas de uma vez só, pela necessidade de prover sua própria segurança, e depois são relegadas à margem, tornando-se o mais possível em vantagem para os acionistas minoritários. Mal utilizadas são as que, se bem que sejam em princípio poucas, não se extinguem e crescem com o tempo. Aqueles que seguem a primeira dessas linhas de conduta podem, com auxílio de Deus e dos homens, achar remédio às suas consequências, como sucedeu a Emílio. Aos outros é impossível manter-se.

Deve-se notar aqui que, ao se apoderar de uma empresa, o investidor deve avaliar as ofensas e maldades que precisa executar e fazê-las todas de uma vez, para não ter que repeti-las todos os dias. Assim, poderá incutir confiança nos homens e conquistar-lhes o apoio com benefícios. Quem procede de outro modo, por timidez ou por força de conselhos maus, precisa sempre estar com a faca na mão e jamais poderá confiar em seus auxiliares, pois estes, de seu turno, não se podem fiar nele, devido a suas recentes e contínuas investidas e ofensas. As ofensas e maldades devem ser feitas todas de uma vez, a fim de ofender menos (o tempo se encarrega de apagar as mágoas se o golpe for um só). E a bondade e os benefícios precisam ser feitos pouco a pouco, para serem mais bem saboreados. Principalmente um investidor deve viver com seus executivos e auxiliares de maneira que nenhum acidente, bom ou mau, o faça variar, pois vindo com os tempos difíceis, as adversidades, não sobrará tempo a ele de fazer o mal, e o bem que ele praticar não poderá beneficiá-lo, pois é considerado forçado, e ninguém agradecerá a sua prática.

Capítulo IX
O executivo de carreira

Consideremos outro caso, quando um executivo, não pelas suas artimanhas, herança nem por qualquer forma fácil, mas pelo reconhecimento dos acionistas e dos seus colegas, se torna diretor geral da sua empresa. Ao ser alçado ao novo posto, o faz por grande mérito, não por fortuna e amizade, mas de preferência com competência e astúcia bem combinadas. Por outro lado, aquele que não é reconhecido pelos colegas, ou simplesmente é nomeado para o posto pela vontade do acionista, encontrará maiores dificuldades em gerenciar. Acontece que em todas as empresas essas duas tendências aparecem, e os problemas gerenciais do último provêm do fato de que os pares não desejam ser dirigidos nem oprimidos pelos déspotas e arrogantes, enquanto estes querem dirigir e oprimir os subordinados. Desses dois diferentes apetites nasce nas empresas um destes três efeitos: organização, liberdade e fracasso.

Não são raras as vezes que um cargo de direção é estabelecido pelos pares. Os pares sabem que os acionistas não podem resistir a uma sucessão natural e assim iniciam o processo de sucessão, criando a reputação de um de seus elementos, e o tornam diretor geral. Dessa forma podem estar à sua sombra, satisfazer os seus apetites por satisfações pessoais, resultados e lucratividade. Os pares ou colegas, vendo que os acionistas não resistirão por uma sucessão natural, dão reputação a um dos seus que tenha competência e seja afável, e o elegem diretor geral para defender-se sob sua autoridade e direção.

O que sobe ao cargo de diretor geral indicado simplesmente pelos acionistas, mantém-se com maiores dificuldades do que se indicado naturalmente pelos pares. O simplesmente indicado pelo acionista acha-se sempre rodeado de muita gente que parece igual a ele, e por isso não pode comandar nem manejar como quiser. Como não o conhecem, os pares tentam ficar próximos e agradá-lo, executam ordens sem muito pensar ou discutir, pois é necessário primeiro entender o modo de operar do executivo para depois tentar influenciá-lo e ganhar a sua confiança.

Estranhamente, contudo, aquele que alcança um alto posto pelo favor dos seus pares acha-se só, e ao seu redor ou não tem ninguém ou tem alguns poucos que, às vezes, nem estão aptos a obedecê-lo. Mas não se consegue honestamente contentar os acionistas sem ofender os outros, porém os pares podem ser satisfeitos, e daí surge um paradoxo. Isso porque o *desideratum* dos pares é mais honesto do que o dos acionistas; estes desejam organizar, oprimir e lucrar. Os pares não querem ser oprimidos. Contra a hostilidade dos pares não pode jamais o diretor geral estar seguro, pois são muitos e podem bloqueá-lo de vários modos. Com relação aos acionistas pode, porque são poucos. O pior que um dirigente pode esperar de pares hostis é que eles o abandonem. Da inimizade dos acionistas, porém, não só deve temer que o abandonem, mas que também o congelem ou "fritem" (na linguagem utilizada vulgarmente nas empresas), pois estes têm maior alcance de vistas e astúcia maior, e sempre têm tempo de se salvar, procurando achegar-se com resultados auspiciosos. É preciso saber ainda que os pares necessitam viver com os pares, acham que podem perfeitamente prescindir dos acionistas, porque podem fazer e desfazer dos negócios da empresa, que julgam em suas imprescindíveis mãos.

Para melhor elucidar essa parte, falaremos dos dois principais grupos em que os acionistas podem se classificar. O primeiro grupo são aqueles que agem de modo tal que ligam tudo à sua competência gerencial. O segundo grupo é formado pelos superficiais, e que acompanham o executivo no sucesso. Os primeiros ficam obrigados com você e não são rapaces; respeite-os e ame-os. Os que não se obrigam à sua competência e não acompanham com profundidade os seus resultados precisam ser observados sob dois aspectos: se assim procedem por superficial futilidade ou se por defeito natural do caráter. Em qualquer caso o executivo deverá usar deles, sobretudo se estão capacitados. Procure-os, force-os; é necessário aproximar-se maximamente destes, buscar bons conselhos, porque em tempos felizes isso será honra para você e nos adversos você nada terá que temer, este é o conselho. Ainda nesse segundo grupo, quando, porém, não se obrigam para com o executivo, de modo deliberado e por ambição, é prova de que pensam mais em si mesmos do que nele ou na empresa. O executivo deve, então, conservar-se em guarda e temê-los como inimigos descobertos, porque, infalivelmente, na adversidade, apenas contribuirão para a sua ruína.

Quem se torna executivo pelo favor dos pares precisa manter-se amigo destes. Coisa muito fácil, já que estes querem apenas não ser oprimidos. Aquele, porém, que se tornar executivo pela simples indicação do acionista, sem histórico na empresa, firme-se naquele velho adágio — antes de qualquer outra ação, procure conquistar os pares.

Se assim proceder, fácil lhe será a empresa, pois terá pessoas dispostas a protegê-lo. Os homens, recebendo benesses de quem esperavam apenas o mal, obrigam-se mais para com o benfeitor. Os pares tornam-se então mais amigos seus do que se você tivesse sido elevado ao poder pelo favor deles. Isso pode ser obtido pelo executivo de muitas maneiras, das quais não se pode deduzir uma regra absoluta, porque variam de acordo com as circunstâncias. Concluímos apenas que ao executivo é preciso que os pares lhe votem amizade; de outro modo, fracassará nas adversidades. Isso independe de onde você venha: dos quadros da empresa ou de uma simples indicação do acionista.

Esse é o exemplo da gigante de telecomunicações Oi. Seu presidente executivo jamais teria conseguido levar a companhia ao sucesso que ela alcançou sem a ajuda dos pares. A gestão da companhia é reconhecida por um forte "espírito de corpo", onde todos os altos executivos trabalham de forma amistosa e em prol de um bem comum: o sucesso da empresa. Tal façanha foi alcançada com um presidente que veio de um setor completamente diferente, competente, capaz na gestão e reconhecido pelos pares como sinônimo de boa gestão, alçado por estes ao posto mais alto da companhia, pois ele organiza e lucra, mas não oprime.

Empresas de modo geral correm perigo quando estão prestes a trocar um diretor geral, aceito como justo e competente pelos pares, por um estranho tomado ao acaso e apontado pelos acionistas. Esses executivos ou gerenciam por si próprios ou por meio de gerentes indicados ao arbítrio, pois ao nomeá-los não os conhecia suficientemente. Neste último caso, sua estabilidade é precária, incerta, pois está inteiramente na dependência da vontade dos prepostos, os quais, principalmente nos tempos adversos, podem tomar-lhe o cargo com muita facilidade, fazendo-lhe oposição ou não lhe prestando obediência. Por essa razão o diretor geral não mais conseguirá, nas adversidades, reaver a autoridade absoluta. Seus subordinados, acostumados às ordens dos prepostos, não estão naquela precisa emergência, habituados para obedecer ao seu comando. O executivo, nos tempos adversos, quase não contará com pessoas em quem possa confiar, não sendo certo se basear no que observa em condições de normalidade, quando os empregados precisam da empresa. Numa época de bonança, na qual não se sofre ameaça, todos vão ao seu encontro, prometem tudo, e não haverá um que não deseje dar a vida por ele quando a morte está distante; mas na adversidade, quando o empresa mais precisa dos empregados, quando está ameaçada, poucos são encontrados. E essa experiência torna-se ainda mais perigosa quando se sabe que não é possível realizá-la senão uma vez. Conclui-se disso que um executivo prudente deve cogitar sobre a maneira de se tornar sempre necessário aos seus subordinados e de estes terem necessidade da empresa; com isso, continuarão sendo-lhe fiéis. Se você for nomeado pela influência dos seus pares, que lhe devotam admiração e lealdade, ou se simplesmente foi escolhido de fora da organização, lembre-se: ninguém gerencia sem o auxílio de uma equipe. Seja duro, mas humilde e justo. Nenhum tirano é eterno. Basta rever a história.

Capítulo X
Quando os executivos medem forças

Ao se examinar as características das empresas é necessário que se faça outra consideração, agora a respeito dos dirigentes, membros do conselho de administração ou da diretoria executiva. Existem aqueles que se mantêm na posição por força de um protetor. Tartarugas não sobem em árvores, pelo menos não sozinhas: é necessário que alguém as coloque lá. Mas também não descem, é necessário que alguém as retire. Examinando as organizações, é interessante observar como existem "tartarugas". O medo dos pares do mesmo nível, de um protetor invisível, as mantém nessas posições, algumas vezes por muito tempo. Assim que se constate que perderam o protetor, imediatamente são retiradas da árvore. Por outro lado há um tipo diverso de executivo, competente. E para esclarecer bem essa parte, diremos que consideramos capazes de se conservarem, por si mesmos, os executivos que podem, por abundância de talento pessoal e capacidade profissional, no sentido de conhecimento da matéria da qual se ocupam na empresa, constituir uma equipe forte e capaz para enfrentar seus pares, eventualmente um acionista que não lhe tenha apreço e a pressão dos executivos dos níveis inferiores que, para subirem na organização, devem mostrar trabalho. Se um desses profissionais possuiu tanta força dentro da organização que possa se manter na sua posição por si mesmo, qual a sua postura em caso de vir a precisar, ou se necessitar do auxílio de terceiros?

Nessas posições executivas não se pode enfrentar o inimigo em campo aberto, tendo de se refugiar por detrás da sua habilidade pessoal e competência para defender a posição. Do primeiro caso já falamos quase tudo e mais adiante acrescentaremos o que for preciso. No segundo caso, nada se pode fazer a não ser exortar esses executivos a tornar forte e bem armada a própria posição, sem se ocupar do resto. Dizemos isso porque se manter na posição já é bastante difícil, e ocupar novos espaços na empresa deverá ser decorrência do seu desempenho, assim entendido pelo acionista. De nada adianta os níveis inferiores o considerarem o melhor, essa percepção deve vir do acionista. Porém, aquele que estiver bem posicionado, elogiado e em boa relação com os subordinados, como antes se explicou — e ainda se explicará —, será sempre atacado com hesitação. Os homens são sempre contra tomar atitudes ou iniciativas em que exista dificuldade; e facilidade não se vê em assaltar a quem tem uma posição forte e não sofre o ódio dos seus subordinados.

Alguns executivos são extremamente liberais e simpáticos, possuem poder e obedecem invariavelmente as determinações do acionista, mantendo com este estreito relacionamento, mostrando resultados, especialmente aqueles que o controlador gosta de conhecer e não têm medo dele nem de nenhum poderoso que os rodeie, pois estão fortificados a tal ponto que obrigam à reflexão de que expugnar suas fortalezas será tarefa aborrecida e difícil. Seus subordinados são como o fosso de um castelo, pois esse profissional os trata muito bem, com dureza, mas com justiça. Não se deve manter com eles, os subordinados, nenhum tipo de relacionamento ou convivência. Esse tipo de comportamento só é cabível para a camada superior da hierarquia. Seja respeitado por suas capacidades, trabalhe junto com a equipe, conheça as atividades com um técnico. Sejas duro e inflexível, conheça a todos pelo nome, mas jamais se mostre arrogante. Não confie nos executivos que se relacionam excessivamente com os subordinados: eles são fracos. A história ensina que os comandantes com os melhores resultados praticavam rígidos exercícios militares regidos por boas leis. Desse modo, um executivo que tenha uma posição sólida e não se faça odiado, em qualquer nível, não poderá ser atacado, e ainda que o fosse, o atacante retornaria de cabeça baixa, pois as coisas do mundo são de tal modo variadas e dinâmicas que seria impossível a alguém permanecer durante muito tempo a atacá-lo.

Os subordinados são sempre uma muralha de defesa importante. Exija deles no limite da sua capacidade, pois os homens rendem mais quando sob pressão. Eles sempre podem produzir mais um pouco. Trate-os bem e seja justo, mas superior. Um executivo obstinado e forte superará sempre todas as dificuldades, dando aos subordinados a esperança de que o mal da mudança de comando não acontecerá, pois nada os atemoriza mais que a troca de chefes, fazendo-os temer a crueldade do inimigo, e destramente conservando a si os que lhe pareçam mais temerários. Além disso, é razoável fazer observar aos níveis inferiores que o inimigo incendiará e arruinará a posição assim que chegue, substituindo pessoas e colocando outras da sua confiança. Então os subordinados se unem ao executivo, parecendo-lhe que este lhe está obrigado, pois os excessos de trabalho, os cortes no orçamento, os bons resultados foram não apenas em benefício dele, mas da área ou da equipe. Uma equipe coesa e produtiva está sempre protegida. E a natureza humana faz que se obriguem os homens tanto pelos benefícios feitos como pelos que receberam. Concluindo, tudo bem considerado, não será difícil a um executivo prudente garantir-se na sua posição durante um assédio, seja antes, seja depois deste, desde que não lhe faltem competência nem habilidades pessoais.

Capítulo XI

A gestão das empresas familiares

Resta-nos apenas, agora, falar da gestão das empresas familiares, considerando que já falamos como estas são vistas. Para elas, aparece toda espécie de obstáculos antes de serem destruídas, porque são mantidas ou pela sorte ou pelo acaso. Existem, como dissemos antes, no entanto, duas espécies de empresas familiares, as com e as sem sorte. As últimas não se conservam, pois são sustidas pela rotina do acaso. As primeiras, com sorte de possuir um familiar capaz e empresarial para guiá-la, consolidam-se e suas instituições tornam-se tão fortes e de tal natureza que conservam os seus dirigentes no poder, a despeito dos outros familiares, mesmo que o gestor tenha a vida e o procedimento que bem quiserem. Ainda as primeiras com sorte, os familiares podem perceber que os negócios devem ser dirigidos por um profissional. Pensando assim, os familiares se retiram para a magnificência de um conselho e com mãos de ferro observam tudo e a todos. Controlam, decidem o estratégico, mas não envolvem emoções familiares na gestão. Se agirem de forma contrária elas passam para o grupo sem sorte.

Esse fato é apenas um retrato da vida, algumas pessoas herdam investimentos, mas não têm perfil para geri-los, pois ou são fracas de caráter ou enxergam a vida com romantismo, ou ainda simplesmente não possuem habilidades para administrar e também nunca irão aprender a fazê-lo, simplesmente não são talhadas para esse lavor. Tais empresários apenas possuem empresas e não as defendem; possuem empregados, e não os dirigem. E, suas empresas indefesas, a mercê do voraz e implacável mercado, lhes são arrebatadas; os empregados, não governados, não podem afastar o dono. Somente por isso tais empresas são por natureza inseguras e infelizes.

Já em outros casos, herdeiros muitas vezes sem o menor estudo nem preparo revelam-se para a vida e se tornam verdadeiras lendas empresariais, construindo impérios. A vida lhes deu uma benção, e a sua realidade é gerir. Por essa razão é que afirmamos que as empresas familiares estão ao acaso, pois não se pode demitir o dono, mesmo que incompetente. Alguns tolos se iludem que a realidade seja algo dissociada deles. Os fatos do mundo acontecem apenas com os outros. Mas a vida mostra que cada um é a sua própria realidade. Quando damos à luz um filho não lhe escolhemos a vida empresarial, muito menos a gestão, mas é a vida que escolhe por nós. Certos ou errados, nossos filhos são escolhidos para percorrer seus próprios caminhos, dentro das suas próprias realidades. Assim, seja qual for o legado que deixarmos aos nossos filhos, no fim percebe-se que todos os caminhos estavam certos na direção, inexorável daquilo que a sorte e a fortuna lhes reservaram.

Capítulo XII

Como usar executivos profissionais e consultores contratados

Depois de falar detalhadamente de todas as causas da boa ou má fortuna das empresas e considerar as razões da sua boa ou má fortuna, mostrando os modos pelos quais puderam ser conquistadas e mantidas, resta-nos falar agora a propósito dos meios ofensivos e defensivos que podem ser necessários a elas. Afirmamos antes que é preciso que um empresário estabeleça sólidos fundamentos; sem isso, sua ruína é certa. E as principais bases que as empresas possuem, novas, velhas ou mistas, familiares ou profissionais, são boas leis e bons princípios. E como boas leis não existem onde não há boas ferramentas, e onde existem boas armas, conveniente é que haja boas leis. Falaremos apenas das armas.

Diremos, portanto, que as forças com as quais um empresário conserva a sua empresa são próprias ou terceirizadas, como consultores, ou mistas com ambos. Os consultores e auxiliares podem ser inúteis e perigosos, dependem de como os usamos. Esses profissionais são muito úteis para orientar e ensinar em casos pontuais, mas nunca lhes entregue a gestão. Tendo alguém firmado sua empresa em tal espécie de forças, jamais estará seguro; elas não são ligadas ao empresário, são ambiciosas, não têm disciplina, são infiéis, insolentes com os amigos, mas acovardam-se diante dos inimigos; não têm temor do mercado, nem fazem fé nos homens, e o empresário apenas retarda a própria ruína na medida em que retarda o ataque. Desse modo, a empresa é espoliada por eles mesmos, em tempos de bons negócios, e durante as épocas difíceis, pelos concorrentes. O motivo dessa atitude é que eles não conhecem outro amor nem outra força, a não ser o pagamento da fatura de honorários, o que não é bastante para excitá-los a morrer pelo empresário. Desejam ardentemente ser seus consultores enquanto você não se move à guerra, mas vindo esta, fogem ou se despedem. Eles têm três características: você não os chama, mas eles vêm. Não sabem nada da sua empresa, aprendem com você. E, finalmente, acabam lhe ensinando aquilo que você já sabia, ou seja, o óbvio. Na guerra, os mercenários são imprescindíveis, mesmo indispensáveis, mas para vencê-la é necessário o empenho e suor dos generais.

Os consultores são ótimos para dar ideias, mas não implantam nem solucionam nada. Indicam um caminho, sem, entretanto, percorrê-lo. Não nos será difícil explicá-los, visto a atual situação de muitas empresas, e em especial uma multinacional que explora telecomunicações. O seu colapso gestional não foi causado por outro motivo senão pelo fato de que, durante tantos anos, para não dizer durante toda sua existência, esteve sustentada por consultores. Estes conseguiram fazer resultado quando o mercado era comprador, mas, vindo a concorrência, logo mostraram o que eram. Portanto, foi muito fácil para as concorrentes conquistarem grande parcela do mercado que lhes cabia. Falava a verdade quem afirmava que a culpa era da administração local? Não, porém a administração central substituiu todos os gestores locais, pensando serem estes a causa dos erros que expusemos. E por serem os empresários culpados, os minoritários sofreram o castigo.

Desejamos, porém, demonstrar com mais clareza a má qualidade de enfoque de algumas destas consultorias. Os sócios consultores ou são excelentes executivos ou nada são; se o forem, não poderás confiar neles, pois aspirarão sempre a própria glória, ou humilhando você, patrão deles, ou oprimindo contra a sua vontade a outrem. Caso não sejam grandes executivos, por esse mesmo motivo lhe arruinarão. Respondendo alguém que, consultor ou não, quem possuir a força agirá sempre de forma idêntica retrucaremos que as forças devem ser utilizadas por um empresário ou pela empresa. O empresário em pessoa deve fazer-se executivo. A empresa mandará para esse cargo um dos seus gerentes e, sendo infeliz na escolha, deve substituí-lo imediatamente. E acaso se revele homem de valor no seu posto, a empresa deve assegurar-se, por meio de normas internas, contra ele, a fim de que não exorbite de suas atribuições. A experiência demonstra que os empresários que agem por contra própria, mantendo suas empresas fortemente posicionadas, alcançam grandes progressos, enquanto as consultorias que interferem na gestão apenas lhes causam prejuízos. Com maior dificuldade uma empresa cuja administração seja baseada em consultorias alcança bons resultados. Pão de Açúcar, TAM e Gol são exemplos de empresas dirigidas por executivos próprios, onde consultores ajudam em tarefas pontuais nas quais possuem enorme *expertise*, resolvendo problemas específicos que necessitam de uma tecnologia fora do alcance dos executivos da empresa. As consultorias fazem parte do mundo moderno. Os negócios atuais seriam impraticáveis se não existissem pessoas especializadas que tratassem de questões particulares. Milhares são os exemplos encontrados de sua inestimável necessidade, pois, sem as consultorias, qual empresa poderia implantar um sistema informático configurado segundo suas especificidades, quem poderia sequer imaginar uma abertura de capital, um lançamento de ações ou uma fusão e incorporação sem o auxílio desses valiosos especialistas?

Mas, exemplos de empresas dirigidas por pessoas sem comprometimento com o negócio, mas alinhadas com o resultado pessoal, são vistos todos os dias. Uma organização comercial, para se sustentar num ambiente competitivo, precisa de direção forte e única. Força, maldade e estresse nunca fizeram um negócio ir mal. Consultores orientam, ensinam; empresários dirigem. Essa é a regra.

Nada que não tenha dono prospera ou resulta em crescimento. No início da década de 1990, o governo brasileiro, de uma forma irresponsável, iniciou o processo de privatização da Rede Ferroviária Federal. A estatal, que na época era considerada como um exemplo de empresa morosa e ineficiente, funcionava adequadamente e vinha, mal ou bem, cumprindo o seu papel social. As hostes governamentais contrataram consultorias, fizeram estudos e concluíram que era necessário dar à Rede um sopro de administração privada, que iria modernizá-la e colocá-la no Primeiro Mundo. Até mesmo concluíram os consultores que esses mesmos empresários iriam injetar pesados recursos no sistema, já que o governo central era incapaz de fazê-lo. O modelo de privatização escolhido foi o do arrendamento. Concluíram tais especialistas, a serviço do Estado, que a propriedade dos bens imobilizados da Rede deveria permanecer com o governo. Esse arrendaria as instalações, as quais, esperavam os consultores, seriam ampliadas e melhoradas pelos arrendatários. Embora alguns aleguem má-fé, pensamos que os arrendatários tiveram bom senso e aproveitaram a oportunidade que lhes fora benevolamente ofertada. Quem faria diferente? Como primeira medida, despediram o contingente de empregados. Um corpo técnico inestimável que havia sido formado por décadas de investimentos em capacitação. Esses empregados naturalmente impetraram milhares de ações trabalhistas contra a Rede, gerando um passivo de bilhões. Na sua busca pelo lucro, pois tal é seu propósito, os arrendatários pararam imediatamente todos os investimentos e reduziram ao mínimo indispensável os programas de manutenção. Se uma linha não apresentasse lucro, era imediatamente abandonada. Essa atitude fez que milhares de quilômetros de vias férreas brasileiras fossem perdidos, entregues ao acaso e ao saque, simplesmente porque não mais interessavam, não geravam o lucro necessário. Os agentes do governo foram esquecidos, pois ninguém é capaz de lembrar quem assinou as autorizações, muito menos quais foram as consultorias que propuseram essa tragédia nacional. Em breve, quando as vias férreas de propriedade do governo federal, exploradas por particulares, tiverem esgotado a capacidade, os arrendatários simplesmente irão devolvê-las ao governo.

Apenas tem-se de temer as derrotas causadas pelos consultores, não as suas conquistas, como depois veio a acontecer, quando em apenas um dia perderam aquilo que com tanto trabalho haviam conquistado. Como resultado, em 2005, o governo liquidou a Rede Ferroviária Federal, assumindo prejuízos da ordem de R$ 17 bilhões. Tais consultores somente dão lentas e frágeis conquistas, porém rápidas e espantosas perdas. Assim como citamos esse exemplo da Rede, prosseguiremos na discussão do assunto sob aspecto mais geral, para que, sabendo-se suas origens e desenvolvimento, seja possível corrigir melhor o erro decorrente do uso de tais consultores. O empresário deve, portanto, saber que outros exemplos dessa natureza no setor de energia elétrica, água, saneamento, transportes e telecomunicações foram fruto de consultorias. Assim procederam porque, não tendo empresa própria e dependendo sempre de sua profissão, com pouca mão de obra, não teriam fama, e com muita, não conseguiriam sustentá-la. Reduziram-se, pois, quase que exclusivamente a auxiliar o governo e poucas empresas dispostas a pagar pesados honorários, porque com pequeno número de profissionais encontravam apoio e honras, sem muitos encargos.

Além disso, as consultorias empregavam todas as maneiras de afastar de si mesmos o medo e o trabalho, poupando-se nos embates que resultassem em publicidade.

Capítulo XIII

Dos terceirizados e do trabalho próprio

Terceirizações de seus trabalhos, mais do que armas inúteis, são aquelas atividades que algum outro empresário manda em seu auxílio, como fazem comumente aqueles que não possuem força própria. Tais trabalhadores, por si mesmos, podem ser bons e úteis, mas frequentemente acarretam prejuízos ao que recorre a eles porque, se errarem, estão abatidos, e se vencerem o empresário fica dependente deles. E, ainda que a história esteja repleta de exemplos, não precisaremos nos estender a elencá-los aqui. Sirva-se desses serviços aquele que não desejar vencer, porque são mais perigosos do que os mercenários. Talvez em algumas atividades auxiliares, totalmente independentes de seu *core business*, mas jamais utilize o trabalho de *freelancers* ou,ainda pior, serviços de terceiros em sua atividade principal. O próprio risco trabalhista envolvido é altamente prejudicial e notoriamente destacado em qualquer processo de *due diligence*. No Brasil, a terceirização é como regra uma redução de custos, apenas. Imagine que um banco oferece aos seus colaboradores uma política salarial definida, programa de capacitação, aposentadoria e bem-estar social. Ora, tudo aquilo que terceirizar isenta desses benefícios. Assim, tais empresas que terceirizam vorazmente têm duas classes de empregados: os tudo e os nada. Imagine uma empresa de energia elétrica que possui quadro técnico de manutenção próprio e altamente especializado. O cliente está satisfeito e os indicadores de qualidade são ótimos. Cada manutenção tem um custo individual de R$ 35. Uma boa consultoria indica que existe no mercado alguém capaz de assumir a tarefa de manutenção por apenas R$ 5. O contrato é assinado e as consequências são imediatas. Em vez da costumeira eficiência, quem aparece na sua empresa para dar manutenção é um indivíduo desvalido, sem uniforme, com sandálias gastas, pilotando um WV 1969. Os resultados são conhecidos por todos.

Do mesmo modo que no parágrafo anterior utilizamos com um mínimo excesso expressões estrangeiras, perdemos nossa verdadeira identidade quando deixamos nossa criatividade de lado, buscando resgatar a supremacia da excelência de nosso trabalho com o uso do que Maquiavel chamou de tropas auxiliares.

Com aquelas, certa é a ruína; são unidas e dedicadas à obediência integral a outrem. No tocante às forças mercenárias, após a vitória, necessitam de mais tempo e melhor ocasião para causar-lhe mal, pois não formam um corpo perfeitamente unido e, além do mais, foram organizadas e são remuneradas por você; nestas, se fizera chefe um terceiro. Este não poderá de imediato possuir tanta autoridade que lhe possa ofender gravemente. Resumindo: nas tropas de aluguel, perigosa é a covardia; nas auxiliares, o valor.

Os empresários de prudência repeliram sempre tais forças para usar apenas as suas, antes desejando perder com estas a vencer auxiliados pelas outras, tendo como falsa a vitória obtida com forças alheias.

Tem se tornado uma *práxis* em alguns mercados, como o da representação comercial, por exemplo — e são incontáveis as ações trabalhistas com êxito —, as situações em que as empresas que detêm o *core business* não mais contratarem, mas exigirem que o colaborador constitua sua própria pessoa jurídica e com ela contrate.

Aquele, pois, que numa empresa não descobrir os males na sua origem não é inteiramente sábio, o que é concedido a poucos. Se estudarmos o começo da degenerescência de grandes organizações ou grupos empresariais, concluiremos que foi motivado por causas identificáveis e, em sua maioria, pela incompetência ou falta de envolvimento de terceiros. O terceirizado não lhe tem amor, não lhe dedica fidelidade e se compromete apenas consigo mesmo. Ademais, você pensa que ele não sabe, mas ele mesmo se considera como uma opção de segunda classe e sem valor. Não se engane aquele que usa das terceirizações indiscriminadamente, você pode ter resultados melhores no curto prazo, mas com o tempo a sua sorte estará selada. As grandes corporações que a tudo terceirizam, principalmente aquelas das áreas de serviços, apenas se mantêm no mercado pelo gigantismo oceânico de suas organizações, na maioria monopolistas, e pela falta de opção do cliente. Se estes últimos tivessem opção, desertariam imediatamente rumo a serviços melhores e preços mais justos.

Concluímos, portanto, que sem possuir forças próprias nenhum empresário está garantido. Antes, está à mercê da sorte, não havendo virtude que o defenda nos contratempos. Foi sempre opinião e sentença dos sábios - "*quod nihil sit tam infirmum aut instabile quam fama potentiae non sua vi nixa*"[4]. E as forças próprias são as compostas de funcionários e colaboradores motivados, todas as demais são mercenárias ou auxiliares. E é a essas ordens que nos remetemos integralmente durante essa exposição.

---

[4] Idem, ibidem, p. 52. Nada é mais instável do que a fama de poder quando não está apoiada em força própria. (tradução nossa)

Capítulo XIV

O empresário tem obrigações com seus negócios

Deve o empresário, portanto, não ter outra finalidade nem outro pensamento, nem qualquer outra atividade como prática senão a empresa, seu plano estratégico e a gerência estrita e eficaz, pois essa é a única arte que se atribui a quem controla. Ela é de tal poder que não só mantém os que nasceram ricos e receberam controles como herança, como muitas vezes eleva àquela qualidade de executivos mesmo os empregados subalternos obstinados e com extrema dedicação ao trabalho, todos de condição particular. Ao contrário, vemos que perderam seus negócios acionistas de importantes organizações que mais se preocuparam com os luxos da vida e futilidades; mantinham-se distantes do dia a dia da organização, fechados em elegantes escritórios, alienados da realidade dura dos negócios, na maioria das vezes abandonados nas mãos de colaboradores inescrupulosos, o que todos somos. O primeiro motivo que poderá levá-lo a perder a empresa é descuidar-se dessa arte de administrar, e o motivo para conquistá-la é professá-la.

Abílio Diniz, simples particular de um negócio pequeno, tornou-se controlador do império chamado Pão de Açúcar, porque se entregou de corpo e alma aos negócios, mantendo grande aderência à dura realidade desse concorrido segmento. Controlava tudo e a todos com mão forte e implacável, enquanto muitos de sua família, porque fugiam aos deveres dos negócios, de nobres que eram, passaram a simples cidadãos. Ricos, devemos confessar, mas longe da fortuna, do poder e da fama de Abílio.

Pois entre outros motivos que trazem malefícios, o de estar despreparado obriga o homem à submissão, e isso é uma das infâmias que um empresário deve evitar, como mais à frente se dirá. Não existe nenhuma proporção entre acionistas preparados e despreparados para gestão, e nem é razoável que quem está preparado obedeça de boa vontade ao que não está, e que viva tranquilo com aquele que não reúne condições e preparo. De um lado, havendo desdém e suspeita da parte de outro, não há possibilidade de agirem de acordo. Um acionista não versado na arte de administrar, mesmo que na escola da vida, como é muito comum, além de outras desventuras, como se disse, não pode ter a estima de seus subordinados e de seus sócios nem confiar neles. Um empresário não deve, portanto, deixar de se preocupar com a arte da guerra. Deve sim praticá-la na paz, ainda mesmo mais do que na guerra, e isso se consegue de dois modos: pela ação ou somente pelo pensamento ou pelo estudo. Quanto à ação, ademais de conservar o corpo executivo disciplinado e permanentemente em controle, se possível com um pouco de estresse, precisa estar sempre planejando e verificando as estratégias, nas quais se habituará a pensar nos incômodos naturais da vida na empresa e conhecer a natureza dos lugares e especialmente das pessoas; entender como aparecem as oportunidades, como se afundam os negócios, como estão postos os concorrentes e saber os passos dos inimigos, usando nesses trabalhos os melhores cuidados. Tais conhecimentos de planejar são úteis sob dois aspectos essenciais: primeiro, o empresário aprende a conhecer bem o seu negócio e apreenderá melhor seus meios naturais de defesa. Segundo, pelo estudo e prática dessas ações, entenderá facilmente qualquer outra, nova, que seja necessária pesquisar, pois as pessoas, os empregados, os concorrentes e as adversidades existentes em São Paulo, por exemplo, têm algumas semelhanças com as de outras partes do Brasil. Desse modo, pelo conhecimento do mercado de um estado, chega-se com facilidade ao entendimento de outro. E o empresário que falhar nesse pormenor está falhando na primeira das qualidades de um capitão, que é a que ensina a entrar em contato com o inimigo, acampar, levar os exércitos, traçar planos de combate e assediar ou acampar com vantagem.

Aos empresários sagazes, responsáveis, preocupados com as suas responsabilidades e também em manter o que lhes pertence, dentre as qualidades que lhes aconselhamos, sugerimos que, mesmo nos tempos bons, em que os negócios estão caminhando conforme o planejamento, não deixem de pensar em coisas de guerra. Visitar permanentemente as áreas operacionais, falar com as pessoas, ouvir quem faz, deter-se às vezes mesmo com os menores colaboradores e os interpelar. Visitar os clientes, os grandes e os pequenos, vendo seus anseios, aspirações e seus níveis de satisfação. Montar exercícios com os seus executivos, discutir situações e estratégias para vencê-las. Aprenda as lições ensinadas pelos bombeiros, que estão sempre se exercitando, mesmo que um incêndio nunca venha. É preciso fazer como os militares, permanentemente em manobras, formulando todas as hipóteses possíveis em campanha. Agir como aquele capitão de armas no trato com o pelotão; escutava-lhes a opinião, dava a sua, firmava-a com razões e exemplos de modo que, graças a essas contínuas cogitações, quando se achava à frente de seus exércitos, nunca topava acidente que não tivesse previsto e para o qual, assim, não tivesse remédio.

Ainda no tocante ao exercício do pensamento, deve o empresário ler histórias de negócios e meditar as ações dos homens ilustres, considerar como se portaram no início de sua carreira, os problemas que enfrentaram e como os venceram; estudar as razões de suas vitórias e derrotas, para estar apto a fugir destas e imitar aquelas; principalmente deve fazer como teriam procedido em tempos remotos alguns grandes homens, que faziam imitação daqueles que antes deles tinham se glorificado por suas ações, como é sabido que Alexandre Magno imitava a Aquiles, César a Alexandre, e Cipião imitava a Ciro, o grande rei persa. E aquele que ler sobre a vida de Ciro, cuja biografia o grego Xenofonte escreveu, reconhecerá depois na própria biografia de Cipião quão valiosa lhe foi aquela imitação de Ciro e quanto se parecia com ele, na abstinência, afabilidade, dedicação, humanidade, liberalidade, palavras de Xenofonte a respeito de Ciro quando lhe relatava a vida.

Não é raro vermos empresários com sua vida inteiramente escrutinada em livros, contando pormenores de suas agruras e suas estratégias para vencer. Por isso, se queres apreender a guerra, leia a biografia dos generais. O empresário deve entender que todos os vencedores tinham uma coisa em comum. Aprendiam com os erros, eram estupidamente aderentes às suas próprias realidades, viviam os seus negócios como se fossem a última coisa que iriam fazer na vida; não confiavam em ninguém; eram duros e fortes. Um empresário sábio deve considerar essas coisas e jamais estar ocioso nos tempos de colheitas fartas. Deve, isso sim, de modo inteligente, ir formando cabedal de que tire proveito nas adversidades, para estar a qualquer tempo preparado para resisti-las.

Capítulo XV

Algumas razões para ser um empresário de sucesso

Resta considerar agora como um empresário deve comportar-se com os seus subordinados e amigos. Sabendo que muitos já escreveram sobre essa matéria, duvidamos que não venhamos a ser tidos por presunçosos, propondo-nos ao seu exame também, tanto mais que, ao tratar desse assunto, não nos alongaremos muito nos princípios já propostos pelos outros. Em todo o caso, como é nosso desejo escrever coisa útil para os que tiverem interesse, nos pareceu mais conveniente buscar a verdade pelo fato das coisas do que por aquilo que delas se venha supor. E muita gente imaginou conglomerados empresariais e grandes grupos corporativos que jamais foram vistos e nunca foram tidos como verdadeiros. Os livros só falam do passado, louvando o sucesso de alguns e apontando o fracasso de outros. Jamais, talvez por medo da exposição negativa, um escritor ou analista de mercado escrutinou uma empresa e lhe deu um veredicto: a Panam irá falir; a Sadia terá problemas por excessiva exposição ao risco. Assim, você não deve esperar por conselhos. Tanta diferença existe entre o modo como se vive e como se deveria viver que, aquele que se preocupar com o que deveria ser feito em vez do que se faz, antes aprende a própria ruína do que a maneira de se conservar. E um homem que desejar fazer profissão de bondade, muito natural é que se arruíne entre tantos que são perversos. Conclui-se que é preciso a um empresário, para se conservar, que estude as suas próprias lições e aprenda a poder ser mau, e que se utilize ou deixe de se utilizar disso, conforme a necessidade.

Deixando de lado as coisas imaginárias das quais se ignoram as verdadeiras com relação aos empresários e falando a propósito das que são reais, digamos que todos os homens, sobretudo os empresários, por ter as mais elevadas condições, fazem-se notáveis pelas qualidades que lhes trazem reprovação ou louvor. Uns são considerados liberais, outros mesquinhos (usando o termo toscano, mesquinho, porque avarento, na língua italiana, ainda significa o que deseja possuir pela rapina, e mesquinho é unicamente aquele que se abstém muito de utilizar suas posses). Alguns são considerados pródigos, outros gananciosos. Alguns são cruéis, outros piedosos; uns perjuros e outros leais; podem ser modernos e soberbos, ou ainda estúpidos ou astuciosos; enérgicos ou tíbios; graves ou levianos; religiosos ou ateus, e assim por diante. E sabemos que qualquer um reconhecerá que seria muito louvável que um empresário possuísse todas as qualidades enumeradas tidas por boas, mas a condição do homem é tal que não permite a posse completa delas, nem mesmo sua prática consistente. É preciso, então, que o empresário seja tão prudente que saiba evitar os defeitos que lhe tirariam o governo dos negócios e praticar as qualidades próprias para lhe garantir a posse dele, se lhe é possível, embora de forma menos preocupante deixe que os fatos sigam seu curso natural. E que não lhe importe incorrer na infâmia de ter certos defeitos, se sem os quais dificilmente pudesse perder seu poder ou sua empresa, porque, se considerar tudo bem, achar-se-ão coisas que parecem virtudes e, se praticadas, lhe provocariam a ruína e outras que parecerão vícios e que, seguidas, trazem bem-estar e tranquilidade. Não é bom, mas é verdade.

Capítulo XVI

Ser liberal, uma arte conquistada por poucos

Iniciando, portanto, pela primeira qualidade apontada, diremos em que condições é um bem ser considerado liberal. A liberalidade usada para espalhar a sua fama de liberal não é virtude; se ela se pratica de modo virtuoso e como se deve, será ignorada, e você não irá escapar da má fama de seu contrário. Desse modo, se desejar conservar entre os homens fama de liberal, é preciso não omitir nenhuma demonstração de suntuosidade, de modo tal que em tais condições um empresário sempre gastará todas as suas rendas em semelhantes obras. E, finalmente, se desejar conservar essa fama, necessitará ganhar dinheiro de forma extraordinária, agindo com crueldade, burlando o Fisco e fazendo tudo quanto se deve para ter mais dinheiro. Isso acabará por torná-lo odioso aos olhos da comunidade empresarial e dos seus empregados, e logo que você estiver com algum problema ou ficar menos rico e poderoso, cairá na desestima dos outros. Desse modo, havendo a sua liberalidade trazido prejuízo a muitos e benefícios a outros, o empresário começa a sentir os primeiros revezes e está em perigo em qualquer circunstância que ocorra. Notando isso e desejando retrair-se, o empresário é então chamado de avaro.

Assim, portanto, não podendo usar dessa virtude sem prejuízo para si mesmo, de modo que seja conhecida, deve ele, sendo prudente, desprezar a fama de avaro, pois com o tempo poderá demonstrar que é sempre mais liberal, dado que as pessoas que o rodeiam perceberão que o empresário é uma pessoa sensata e que vive dentro de suas possibilidades, e pode se defender da concorrência e enfrentar o mercado. Desse modo, todos o reconhecem como homem sério, e assim ele pode atrever-se a novos investimentos sem fazer dívidas, e está sendo liberal para todos aqueles dos quais nada tira, que são muitos, e avarento para aqueles aos quais nada dá, que são muito poucos.

Em nossa época, não vimos que fizessem grandes coisas senão os tidos por miseráveis; os demais se arruinaram. O empresário Antônio Ermírio de Moraes, embora tenha sido considerado por alguns como uma pessoa simplória, o que é absolutamente irrelevante para o mundo dos negócios, pois o que efetivamente importa para um empresário é a seriedade, obstinação e a fama de honesto e trabalhador, serviu-se da fama de liberal, altruísta, colaborando generosamente com hospitais e escolas. Construiu um império empresarial, vem conseguindo mantê-lo mesmo competindo numa área de negócios extensivamente povoada por grandes empresas multinacionais; participou de muitos empreendimentos e nunca foi acusado de extorquir seus empregados, muito menos de sonegar impostos ou tentar usar de meios ilegais para obter o que tem. É um autêntico liberal, está sempre distribuindo generosas contribuições, mas ninguém o considera um perdulário, muito pelo contrário. Este é o único modo de aceitar um liberal, ou seja, com todos os adjetivos empresariais necessários colocados antes.

Mas Antônio Ermírio é um ser raro e, assim sendo, os empresários devem gastar pouco e principalmente não ostentar riqueza para não se verem obrigados a roubar os seus empregados, sonegar impostos ou utilizar-se de meios escusos para realizar negócios e empreendimentos, fazendo-se digno do desprezo social e do mercado. Sem cuidado lhe tacharão de miserável, porque esse é um dos defeitos que lhe dão possibilidade de administrar bem o que tem. O liberal é aceito apenas enquanto serve; quando não, é execrado. Caro empresário, observe se essa não é exatamente a história de vida daquele banqueiro liberal, que de santo possuía apenas o nome. Os empresários com um mínimo de visão sempre o usaram, tiraram dele o que foi possível, enquanto foi, pois sabiam que aquele estilo de vida certamente o levaria a um final trágico. Esses empresários que o usaram com toda certeza não perderam um centavo quando o beato quebrou.

E se alguém afirmar que algum ascendeu à fama ou à conquista de grandes fortunas por sua liberalidade e muitos outros por serem tidos como liberais alcançaram altos postos, retrucaremos que ou você é empresário ou está no caminho de ser. No primeiro caso, é prejudicial essa liberalidade; no segundo caso, é preciso ser tido como liberal. E se alguém é daqueles que desejam alcançar o poder e, depois que o alcançar, viver mais tempo e continuar com excessivas despesas, não as reduzindo, destruirá o império conquistado. Ninguém fica rico gastando como rico. Se alguém respondesse que existiram muitos empresários que fizeram grandes feitos com suas empresas e gozam fama de liberais, retrucaremos que ou gasta o empresário do seu, do Estado, ou dos seus subordinados, ou o que a outrem pertence. No primeiro caso, deve ser sóbrio; no segundo, não deve omitir nenhuma liberalidade. Diz o adágio popular que quatro são os modos de gastar o dinheiro: o primeiro compra para si com o seu dinheiro, preocupando-se com o preço e a qualidade; o segundo compra para si com o dinheiro de outrem, observando apenas a qualidade, nunca o preço; o terceiro compra para outro com o seu dinheiro, vendo apenas o preço; a qualidade não conta; o quarto e último compra para os outros com o dinheiro deles, desinteressando-se do preço e da qualidade.

E ao empresário que trabalha com seus executivos e vive de sucessos ligados estritamente a fatores mercadológicos, especialmente aqueles de alta concorrência, é preciso essa liberalidade, pois de outro modo os seus executivos não o seguiriam e tampouco seriam leais. O empresário deve sempre estar atento com executivos liberais, pois é possível ser muito mais pródigo com o que não lhe pertence, gastar o alheio não rebaixa, pelo contrário, eleva a fama. Não se espante, somos todos assim. Gastar o seu próprio, isso sim, é mau. E não há coisa que por si só se destrua como a liberalidade, pois com seu uso contínuo vai fazendo perder a faculdade de usá-la e lhe faz pobre e necessitado, ou, para escapar à pobreza, odioso. E uma das coisas que um empresário deve evitar para si é tornar-se necessitado ou odioso. E a liberalidade leva a uma ou outra coisa. Desse modo, é mais prudente ter fama de miserável, a que acarreta má fama sem ódio, do que, para obter fama de liberal, ser levado a incorrer também na de rapinador ou rapinante, como prefira, o que constitui infâmia odiosa. Antônio Ermírio é único.

Capítulo XVII

O que é preferível: ser amado ou temido?

Prosseguindo na exposição das qualidades antes apontadas, afirmamos que cada empresário deve querer ser considerado piedoso, e não cruel. Todavia, deve cuidar de empregar de modo conveniente essa piedade. Antônio Carlos Magalhães, conhecido como ACM, era tido como cruel, entretanto sua suposta crueldade ergueu um verdadeiro império e conseguiu alavancar inúmeras atividades para a economia do país. Era forte, genioso e duro, mas os que lhe serviram o amavam. O que, bem estudado, demonstrará que ele foi mais piedoso do que qualquer outro. Não deve, pois, importar ao empresário o estereótipo de cruel para conservar seus subordinados unidos em sua causa e com fé em seus negócios. De fato, com pequenas exceções, ele é mais piedoso do que os que, por excesso de clemência, deixam que surjam desordens das quais podem se originar mortes ou furtos. É que tais consequências prejudicam todo o povo, e as execuções vindas do empresário ofendem apenas um só indivíduo.

E dentre todos os empresários, os novos são os que menos podem fugir à pecha de cruéis, pois as organizações novas estão repletas de perigos. Disse Virgílio, pela boca de Dido no texto de Eneida (livro I), para desculpar a desumanidade desta que: "*Res dura, et regni novitas me talia cogunt oliri, et late fines custode tueri*"[5].

[5] Idem, ibidem, p. 59. A difícil empresa e a novidade do reino obrigam-me a proceder assim e a fortificar as fronteiras. (tradução nossa)

Isso não deve impedir que o empresário seja cauteloso nem que seja precipitado na tomada de decisões, nem assustar-se a si mesmo, mas agir equilibradamente, prudente e humanitário, para que a confiança demasiada não o faça incauto e a desconfiança excessiva não o torne intolerável. Daí se origina esta questão discutida: se é melhor ser amado que temido. Responder-se-á que se queria ser uma e outra coisa; como, entretanto, é difícil reunir ao mesmo tempo as qualidades que levam àqueles resultados, muito mais seguro é ser temido que amado, quando seja obrigado a falhar numa das duas. Essa é a conclusão da própria natureza dos homens. Porque nós, homens, somos todos, em geral, ingratos, volúveis, dissimulados, covardes e ambiciosos por dinheiro, e, enquanto você lhes fizer benefícios, estão todos contigo, oferecem sangue, bens, vida, filhos, como antes dissemos, desde que você esteja longe de necessitar de tudo isso. Quando, porém, a necessidade se aproxima, voltam-se para outra parte. E o empresário, se confiou inteiramente nas palavras e não tomou outras precauções, está arruinado. Não há como não ser assim. Porque as amizades que se conseguem por interesse e não por nobreza ou grandeza de caráter são compradas, não se podendo contar com elas no momento preciso. E os homens hesitam menos em ofender aos que se fazem amar do que àqueles que se tornam temidos, por ser o amor conservado por laço de obrigação, o qual é rompido por serem os homens pérfidos sempre que lhes aprouver, enquanto o medo que se infunde é alimentado pelo temor do castigo, que é sentimento que jamais se deixa.

Deve, pois, o empresário fazer-se temido de modo que, se não for amado, ao menos evite o ódio, pois fácil é ser ao mesmo tempo temido e não odiado, o que acontecerá desde que se abstenha de se apossar dos bens e querências de seus subordinados e, ainda que obrigado a destruir alguém, só poderá fazê-lo havendo justificativa e causa manifesta. Deve, principalmente, abster-se de aproveitar dos bens alheios, pois os homens esquecem mais rapidamente a morte do pai do que a perda do seu patrimônio. Há também quem diga que uma pessoa esquece antes aquele que lhe matou a mãe do que lhe cometeu injustiça. Além do mais, não faltam jamais oportunidades de saquear o que é dos outros, e aquele que principia vivendo de rapinagens sempre as encontra, o que já não acontece quanto às oportunidades de arruinar alguém. Seja sempre duro, mas justo.

Quando, porém, o empresário está em forte atividade e comanda grande número de empregados, então é necessário não se preocupar com a fama de cruel, pois, sem ela, jamais se conseguirá conservar uma grande equipe unida e disposta a qualquer ação. Entre as ações admiráveis de Jack Welch, o último grande nome da GE, alinha-se esta: possuindo equipe bastante numerosa, composta de homens de todas as nacionalidades e idades e lutando em terras alheias, não apareceu jamais nenhuma disputa em seu seio, nem com respeito ao empresário ou a seus empregados, tanto nos bons como nos tempos adversos, que ele temesse. Todas as empresas que tivessem desempenho não aderente a sua estratégia eram fechadas, e isso aconteceu com 73 delas, acarretando a demissão de mais de 130 mil pessoas. Os seus resultados empresariais foram espetaculares. Tal fato não deve ser atribuído senão à sua inumana crueldade, a qual, de permeio a infindas virtudes, o tornou sempre venerado e terrível no entender de seus funcionários. E essas virtudes, sozinhas, não seriam suficientes para produzir aquele efeito, não fora a sua crueldade, apesar das nuances fortes de transparência que sempre imprimiu em suas atividades. Para juntar essas duas, resumimos seus pensamentos na frase "transparência sempre reduz custos". Essa sempre foi sua visão. Cruel, mas verdadeira. Implacável, mas honesta. Dura, porém justa. E entre cronistas pouco comedidos, uns contentam-se em admirar e elogiar essa sua qualidade, outros atribuem a ela todos os triunfos que ele alcançou.

E para deixar provado que as outras virtudes, por elas mesmas, não seriam o bastante, tome-se por exemplo Bill Gates, homem extraordinário não apenas em nossos tempos, mas que ficará na memória dos fatos que a história registra, cuja crítica dos analistas de mercado foi de revolta e busca por um Linux substitutivo. O mercado rejeitou parcialmente a tentativa. Esse fato encontra sua explicação na excessiva bondade ao darem a seus colaboradores mais liberdade do que convinha à disciplina militar exigida naquele setor. Por esse motivo, foi severamente advertido pelo mercado, que o taxou de simplista e com limitadas aplicações práticas. E, desejando alguém defendê-lo, disseram que muitos sabiam antes não errar do que corrigir os erros alheios.

Concluímos, portanto (voltando ao assunto sobre se é melhor ser temido ou amado), que um empresário sábio, amando os homens como querem ser amados, e sendo temido por eles como quer, deve firmar-se no que é seu, e não sobre o alheio. Enfim, deve apenas procurar ser "odiado", como ficou explicado.

Capítulo XVIII

Se devemos guardar a palavra empenhada

Quão louvável é a um empresário manter a fé e viver de modo íntegro, sem astúcia, e ser compreendido por todos. No entanto, observa-se pela experiência em nossos tempos que existiram empresários que fizeram grandes coisas, mas tiveram em pequena conta a palavra empenhada, e pela astúcia souberam transtornar a cabeça dos homens, superando, enfim, os que ficaram leais.

Caro empresário, você deve saber que existem duas formas de combater esse mal: uma pelas leis, outra pela força. A primeira é natural do homem; a segunda, dos animais. Sendo, porém, a primeira muitas vezes insuficiente, é necessário recorrer à segunda. Se faz necessário ao empresário, porém, saber empregar de maneira conveniente o aspecto animal e do homem. Isso foi ensinado em segredo aos empresários pela vida, por livros de história e pelos cronistas antigos, que cantam o sucedido a Aquiles e outros príncipes da mitologia grega, entregues aos cuidados do centauro Quiron, que os educou. É que isso (ter preceptor meio homem meio animal) significa que o empresário sabe empregar uma e outra natureza. E uma desacompanhada da outra é origem da instabilidade.

Sendo, pois, um empresário obrigado a utilizar-se bem da natureza da besta, deve tirar dela as qualidades da raposa e do leão, visto que este não tem nenhuma defesa contra as redes, e a raposa contra os lobos. Precisa, portanto, ser raposa para conhecer as artimanhas e leão para amedrontar os lobos. Os que apenas se fizerem de leões não terão êxito.

Para isso, um empresário de prudência não pode guardar a palavra empenhada quando isso lhe é prejudicial e quando os motivos que o determinaram deixarem de existir. Se todos os homens fossem bons, tal preceito seria mau. Mas, considerando que são pérfidos e não a guardariam a teu respeito, você não está abrigado a cumpri-la para com eles. Nunca faltaram aos empresários motivos para dissimular quebra de fé jurada. De tal modo, incontáveis exemplos contemporâneos poderiam ser dados, demonstrando quantas convenções e promessas tornaram-se nulas e vãs pela infidelidade dos empresários. E, dentre estes, aquele que melhor se valeu das qualidades da raposa venceu. Necessário, portanto, é disfarçar muito bem essa qualidade e ser astuto e dissimulador. E tão simples são os homens, obedecendo tanto às necessidades atuais, que aquele que engana encontrará sempre a quem enganar.

Não podemos omitir ao menos um exemplo. Entretanto, antes de citá-lo, vale lembrar que no mundo dos negócios a vida caminha por vias diversas e nem sempre se pode manter a palavra dada, de modo especial se isso for prejudicar a empresa, trazendo-lhe prejuízos e colocando em risco a sua sobrevivência. Com base nisso, se você prometer para alguém algo que depois de melhor reflexão perceba que não será possível cumprir, não hesite: procure-o imediatamente e rompa a palavra dada. A honra não salva o seu negócio. Por outro lado, são inúmeras as promessas feitas por homens que depois não são cumpridas. Vejamos o caso de Fidel Alejandro Castro Ruz, que nos anos 1950 exortou os cubanos a lutarem contra a ditadura de Fulgêncio Batista. Prometeu ao povo liberdade, justiça e combate à opressão dos ditadores. Bastou-lhe apenas tomar o poder para transformar a ilha numa prisão e suprir os direitos dos cidadãos. Praticou o bem? A resposta é sim, mas não por manter a palavra dada.

O empresário, contudo, não necessita possuir todas as qualidades acima mencionadas, sendo suficiente que aparente possuí-las. Até mesmo teríamos nós a audácia de afirmar que, possuindo-as e usando-as todas, tais qualidades lhe seriam prejudiciais, enquanto, aparentando tê-las, são-lhe benéficas. Por exemplo: de um lado pareceria efetivamente ser piedoso, fiel, humanitário, íntegro, religioso, e de outro, ter o ânimo de, abrigado pelas circunstâncias a não ser, tornar-se o oposto. E deve-se entender que um empresário, e sobretudo um novo empresário, não pode seguir todas as coisas a que são obrigados os homens tidos como bons, sendo muitas vezes obrigado, para conservar o negócio, a agir contra a caridade, a fé, a humanidade, o estado e a religião. É preciso, por isso, que tenha ânimo e esteja disposto a voltar-se para os rumos a que os ventos e as mudanças da sorte o impelirem e, como antes dissemos, não partir do bem, mas, podendo, saber entrar para o mal, se a isso for constrangido. Deve o empresário, contudo, ter muito cuidado em não deixar escapar de seus lábios expressões que não revelem as cinco qualidades antes apontadas, devendo aparentar, à vista e ao ouvido, ser todo piedade, fé, integridade, humanidade, religião. Nenhuma qualidade há da qual mais se necessite do que esta última. É que os homens, pelo geral, julgam mais pelo que veem do que pelas mãos, pois todos podem ver, porém poucos são os que sabem sentir. Todos veem o que você parece, poucos, porém, o que você realmente é, e estes poucos não possuem audácia suficiente para contrariar a opinião dos que têm a seu favor a majestade do cargo de empresário.

Nas atitudes de todos os homens, sobretudo dos empresários, onde não existe tribunal a que recorrer, importa apenas o êxito bom ou mau. Trate, portanto, um empresário de vencer e conservar a sua empresa. Os meios que empregar serão sempre julgados honrosos e louvados por todos, pois o vulgo se deixa levar por aparências e pelas consequências dos fatos consumados, e o mundo é formado pelo vulgo, e não haverá lugar para a minoria se a maioria não encontrar onde se apoiar. E qualquer desses atributos, se ele realmente não os observasse, ter-lhe-iam arrebatado, mais de uma vez, a fama ou a própria empresa. Ser empresário já significa fazer inimigos; entretanto, faça todos os esforços para não fazer inimigos desnecessários; os decorrentes da gestão dos negócios já bastam.

Capítulo XIX

A empresa está em primeiro plano, mas evite ser odiado pelos empregados

Desde que nos referimos às mais importantes das qualidades anteriormente descritas, desejamos escrever rapidamente sobre as outras, de modo geral. O empresário deve procurar evitar, como antes foi dito, coisa que o faça odioso ou desprezível e, sempre que agir assim, cumprirá seu dever e não achará nenhum perigo nos outros defeitos. O que o torna, sobretudo, odioso, como já dissemos, é o ser usurpador dos bens e das coisas de seus subordinados. Não se tirando aos homens bens e honras, vivem satisfeitos e apenas se deverá dar combate à ambição de poucos, que pode ser sofreada de muitos modos, e facilmente. Torna-se desprezível o ser tido como arrogante, volúvel, leviano, fraco, covarde, irresoluto. E tais coisas devem ser evitadas pelo empresário do mesmo modo que o navegante evita um rochedo. Deve ele fazer que em suas ações se reconheçam grandeza, coragem, gravidade e fortaleza, e quanto às ações particulares de seus colaboradores, deve fazer que a sua sentença seja irrevogável, portando-se de modo tal que ninguém pense em enganá-lo ou fazê-lo mudar de ideia.

O empresário que formar de si tal opinião adquire grande reputação; e contra quem goza de reputação dificilmente se conspira, e dificilmente ele é atacado enquanto for considerado excelente e tiver a reverência dos seus. Lembre-se: mesmo que ele esteja errado. São as aparências que valem.

Um empresário precisa ter duas razões de receio: uma de origem interna, da parte de seus subordinados, outra de ordem externa, da parte dos grandes de fora. Defender-se-á destes com boas estratégias e bons aliados; e tendo força sempre terá bons amigos. Os negócios internos, por seu turno, estarão estabilizados se assim estiverem as coisas de fora, a não ser que aqueles já estejam perturbados por uma conspiração. Mesmo quando as coisas externas se agitarem, tendo o empresário vivido e agido como descrevemos, e não desistindo, resistirá sempre a todo ataque. A propósito dos subordinados, entretanto, quando as questões externas estão em calma, deve-se recear sempre que conspirem em segredo, perigo do qual o empresário se afasta se não se tornou odiado nem desprezado, e se tiver conseguido que os empregados estejam satisfeitos sem ele; e isso é preciso conseguir pelos modos a que antes se fez referência. Ora, um dos remédios mais eficientes que um empresário tem contra as conspirações é não se tornar odiado pelos empregados, pois quem conspira pensa sempre que está satisfazendo os desejos dos seus pares, provocando a queda do empresário; se pensar, porém, que assim procedendo ofende o empregado, não tem a audácia de tomar tal partido, pois as dificuldades com as quais os conspiradores lutariam seriam infinitas. Vê-se por experiência que as conspirações têm sido muitas, mas poucas delas tiveram êxito, porque aquele que conspira não pode estar só nem pode ter como comparsas senão os que estiverem desgostosos. E assim que revela suas intenções a um descontente, dar-lhe-á razões para contentamento, pois ele pode esperar qualquer vantagem da traição do segredo e de modo que, vendo desse lado apenas vantagens certas e de outro apenas dúvidas e muitos perigos, apenas um amigo, como existem raros, ou um inimigo implacável, se conservará fiel à conspiração.

Em resumo, diremos que, da parte do conspirador, não há senão medo, inveja e suspeita de castigo, que o traz atormentado; da parte do empresário há a majestade do empreendimento, leis, defesa dos amigos e do Estado que o resguardam; tanto que, juntando a isso tudo a estima dos colaboradores, é impossível existir alguém de tal modo audacioso que se atreva a conspirar. Comumente, o que um conspirador teme antes de realizar o mal deverá temer também após, tendo os empregados por inimigos depois do fato realizado, e não poderá assim esperar qualquer refúgio.

Poderíamos referir diversos exemplos dessa matéria, mas nos contentaremos, porém, com apenas um que nos legou a recordação de Maquiavel, na obra original[6]: "Tendo sido morto pelos Ganneschi, o senhor de Bolonha, 'messer' Aníbal Bentivoglio, avô do atual 'messer' Aníbal, não restando da família senão 'messer' Giovanni, criança de colo, o povo, imediatamente após o homicídio, revoltou-se e matou todos os Ganneschi. Isso se deveu à benevolência popular com a qual a casa dos Bentivoglio contava nessa época, benquerença essa tão grande que, não restando em Bolonha um só representante daquela família que após ter sido morto Aníbal pudesse governar o Estado, e tendo-se notícia de haver em Florença um jovem que pertencia àquela família e considerado até aquela data filho de um ferreiro. Os bolonheses ali foram buscá-lo e lhe deram o governo da cidade, que por ele foi governada até que 'messer' Giovanni alcançasse idade bastante para reinar."

Trazendo o exemplo aos dias atuais, façamos lembrar do Senhor Abravanel, conhecido pelo pseudônimo de Silvio Santos, dono de um grupo que inclui diversos negócios, entre eles o Baú da Felicidade e o SBT (Sistema Brasileiro de Televisão). Pelo reconhecimento público como um dos maiores comunicadores da história da televisão brasileira, tornou-se um dos grandes ícones de nossa história empresarial, querido pelo público brasileiro.

Abravanel adquiriu o Baú da Felicidade e mudou seu plano de negócios, transformando uma empresa que vendia presentes de Natal em baús para as crianças em um empreendimento de venda de carnês e sorteios. Mas Silvio Santos ficou conhecido no mundo empresarial por ser um "comprador nato". Suas nuances e peculiaridades como empresário adorado pelo povo chegou ao cúmulo quando se desfez do Clube de Assistência Médica, o Clam, dada a justificativa de que ele se sentiria indiretamente responsável por falhas que pudessem provocar danos ou a morte de alguém. Por atitudes assim,

[6] Idem, ibidem, p. 66-67.

poucos empresários conseguiram tão elevada credibilidade e respeito junto ao seu público.

Concluímos afirmando que a um empresário pouco devem importar as conspirações se ele é querido pelos empregados, porém, se estes são seus inimigos e o odeiam, deve temer tudo e a todos. Os Estados que têm boa organização e os empresários que são prudentes cuidaram sempre em não reduzir os grandes ao desespero e satisfazer e contentar os empregados, pois essa é uma das questões mais importantes que um empresário deve ter em mente. Em nossa época, entre os países mais bem organizados e governados, deve-se contar a Inglaterra. Acham-se lá inúmeras boas instituições, das quais são dependentes a liberdade e a segurança da rainha. A primeira delas é o Parlamento e a autoridade que possui, pois os homens que organizaram aquele reino, conhecendo por um lado a ambição e insolência dos poderosos, e achando necessário colocar-lhes um freio para corrigi-los, e por outro lado conhecendo o ódio do povo contra os grandes, causado pelo medo, e desejando protegê-los, não consentiu que essa tarefa estivesse aos cuidados da rainha, para isentá-la da acusação dos grandes quando beneficiasse o povo, e do povo, quando favorecesse os grandes. Por esse motivo constituiu um terceiro juízo que fosse aquele que, fora da responsabilidade da rainha, deprimisse os grandes e beneficiasse os pequenos. Tal organização não poderia ser melhor nem mais prudente, nem se poderá negar ser a melhor causa de segurança da rainha e do reino.

Daí pode-se retirar outra excelente instituição. Os empresários devem encarregar a outro a imposição das penas, de outro modo, as ações benévolas arrogam apenas a si próprios, e como pessoa ficam afetos aos seus. Concluímos, outra vez, que um empresário deve estimar os poderosos, porém não se tornar odiado pelos seus empregados ou pela sociedade.

Faremos aqui um paralelo entre os exemplos propostos no original de Maquiavel[7] e em nossa releitura nos tempos atuais. Pareceria talvez a muitos, observando-se vida e morte de certos imperadores romanos que

[7] Idem, ibidem, p. 67.

fossem exemplos contrários a essa nossa opinião, sendo que alguns, não obstante vivendo sempre exemplarmente e demonstrando ter grandes virtudes, perderam o poder ou foram assassinados pelos seus, que contra eles conspiraram às escondidas. Querendo responder a tais objeções, lembraremos as causas de sua ruína, que são diversas das que aduzimos, procurando tomar sobretudo em consideração as que parecem notáveis a quem lê as ações daqueles tempos. Nos é suficiente citar todos os imperadores que se sucederam no governo a partir do filósofo Marco Aurélio até Maximino, que foram Marco, seu filho Cômodo, Pertinax, Juliano, Severo, seu filho Antonino, Caracala, Macrino, Heliogábalo, Alexandre e Maximino. Em primeiro lugar deve-se notar que, enquanto nos demais principados era preciso lutar somente contra a ambição dos poderosos e a inconstância do povo, os imperadores romanos tinham de enfrentar uma terceira dificuldade, que era a de suportar a crueldade e ferocidade dos soldados. Tal dificuldade era tão grande que se tornou a causa da ruína de muitos, pois é difícil contentar ao mesmo tempo soldados e povo, pois este, amante da paz, amava, em consequência os príncipes modestos e os soldados estimavam o príncipe que tivesse espírito guerreiro e fosse insolente, cruel e astuto, além de pertinaz. Desejavam que ele usasse de tais qualidades contra o povo para poder receber soldo dobrado e dar expansão à sua capacidade e crueldade. Isso levou os imperadores, que por natureza ou habilidade não tinham fama suficiente para reprimir os soldados nem o povo, a se arruinarem sempre. E a maior parte deles — sobretudo os novos que conquistavam o principado, ao perceber a dificuldade desses dois elementos — tentava contentar aos soldados, não dando importância aos agravos do povo; era preciso enveredar por esse partido, pois, não sendo possível aos príncipes evitar serem odiados por alguém, deviam esforçar-se sobretudo por não ser odiados pela maioria. E quando não lhes é possível conseguir, devem procurar, com extrema habilidade, escapar ao ódio das maiorias mais fortes. Por esse motivo, os imperadores novos precisavam de favores extraordinários e aderiram aos soldados em vez de aderir ao povo, e isso lhes era útil ou não, conforme esses príncipes soubessem manter a fama entre eles.

Por esses motivos é que Pertinax e Alexandre, homens de vida modesta, amantes da justiça, inimigos da crueldade, humanitários e benignos, tiveram triste fim. Só Marco, dotado das mesmas qualidades, viveu e morreu com muita honra, porque atingiu o poder por júri hereditário concedido, e não lhe foi preciso fazer que reconhecessem seu poder, nem pelo povo, nem pelos soldados. Além disso, sendo portador de muitas virtudes, que o faziam venerando em todo o tempo de sua vida, sempre conservou a ambos, povo e exército, em ordem nos seus termos exatos, e nunca foi odiado nem desprezado. É preciso que se note que o ódio se adquire ou pelas boas ou pelas más ações. Por isso, um empresário, desejando conservar sua empresa, é frequentemente obrigado a não ser bom; porque quando aquela maioria, seja empregados, seja concorrentes de que ele julga ter precisão para se conservar no poder, é corrupta, é conveniente que siga o seu pendor para satisfazê-la, e assim as boas ações são prejudicadas.

É notável neste ponto que tais assassínios, aqui colocados no sentido figurado, deliberados por empresários obstinados, são impossíveis de ser evitados, porque todo aquele que tiver medo de executar o que deve ser feito será eliminado. Não deve, portanto, o homem de negócios amedrontar-se, pois são raríssimos os medrosos sobreviventes. Os maus estão trabalhando, enquanto aos bons foi reservado o ócio. Ao empresário deve somente evitar não injuriar gravemente algumas das pessoas de que se utiliza, como colaboradores que ele tem ao seu lado, a serviço de sua empresa.

Digamos, portanto, que os empresários de nossa época não conhecem essa dificuldade de dar excessivas satisfações aos empregados, pois ainda que se deva ter para com eles algumas considerações, a situação se resolve depressa, porque nenhuma dessas empresas possui um *staff* que se tenha desenvolvido com os governos e administrações das províncias, como acontecia nos exércitos do Império Romano. E, se naqueles tempos era mais urgente contentar o exército do que o povo, por ser este menos poderoso do que aqueles, hoje deve-se contentar antes aos empregados do que os consumidores, por serem estes menos poderosos do que aqueles.

Tomemos os grandes exemplos que nos proporcionou o empresário Jorge Gerdau Johannpeter, dono de 16 siderúrgicas que, juntas, faturam mais de R$ 2 bilhões por ano, produzindo quase 7 milhões de toneladas de aço no Brasil, na Argentina, no Uruguai, no Chile e no Canadá. Ele é visto inúmeras vezes praticando esportes e enfrentando sua psicose em bater recordes quebrando as ondas.

Os Gerdau vieram de Hamburgo em 1869 e sempre foram fanáticos pela superação, estando dispostos ao risco e à aventura. A família sempre foi estável e, pelas mãos do alemão Curt, genro de Hugo, que era filho de João, bisavô de Jorge Gerdau, compraram a Siderúrgica Riograndense, em uma manobra audaciosa para solucionar o suprimento de aço e produzir pregos em maior escala. O velho Curt, como era chamado, era um sujeito gentil, mas absolutamente inflexível. Negava-se a assinar uma carta se esta não estivesse absolutamente impecável e isenta de rasuras ou erros. Jorge Gerdau era o terceiro filho de Curt, nasceu em 1936, e construiu uma visão pragmática de empresariado graças ao fiel convívio com os operários das fábricas da família. Estudava contabilidade à noite, onde aprendeu a emitir notas fiscais. Com pouco mais de 20 anos, ainda estudante de Direito, já participava da Federação das Indústrias gaúchas. Assumiu a presidência da empresa em 1983. O lema que aprendeu com seu pai foi "crescer ou definhar". Hoje a Gerdau é a 35ª no *ranking* mundial da siderurgia, e sua obsessão é ultrapassar as fronteiras do país, sempre obcecados pela busca da eficiência. Jorge Gerdau lidera a Associação Qualidade RS, um movimento para agregar eficiência a instituições públicas e privadas. Ele, por exemplo, proporcionou a redução da espera por atendimento na Santa Casa de Misericórdia, em Porto Alegre, de oito horas para 13 minutos. Os empregados o amam e os clientes o admiram. É como Marco Aurélio, adorado pelo povo e respeitado pelos soldados.

Quem observar o que explicamos aqui entenderá que o ódio e o desprezo foram motivos da ruína dos imperadores citados, e conhecerá ainda os motivos pelos quais alguns daqueles, agindo de uma forma, e outros de modo contrário, os primeiros terminaram bem e os outros tiveram triste fim. "Príncipe" novo, "principado" novo, não pode imitar as ações de ousados e arrebatadores. É preciso imitar Antonio Ermírio, Silvio Santos, José Mindlin, Jorge Gerdau e Abílio Diniz: acordar cedo, dormir tarde, trabalhar muito; ser duro, mas justo; ser discreto, participar e conhecer tudo. Se você assim o fizer, o futuro lhe reservará que sejas sempre bem estabelecido e firme.

Capítulo XX
A arte de confiar nas pessoas e delegar

Alguns empresários, para conservar com segurança a empresa, deixaram "desarmados" os seus empregados, outros repartiram as áreas de negócios, organizações e mercados conquistados, mantendo divisões para combaterem-se mutuamente; outros alimentaram inimizades contra si próprios, com políticos ou mesmo com outros empresários concorrentes ou não; outros entregaram-se à conquista do apoio daqueles que lhes eram suspeitos no princípio da sua jornada empresarial; alguns outros construíram organizações que são verdadeiras fortalezas; outros as arruinaram. E ainda que todas essas coisas não possam ser julgadas em definitivo se não forem examinadas as particularidades das empresas onde foram tomadas quaisquer destas deliberações, falaremos de um ponto de vista geral, de acordo com a própria matéria.

Jamais um empresário novo tirou a autonomia e a iniciativa de seus empregados. Antes, se encontrou os colaboradores "desarmados" (despreparados), armou-os. Tais armas permanecerão suas, lhe tornarão fiéis os que lhe eram suspeitos, manterão fieis os que já o eram, e os empregados daqueles fazem-se seus fiéis e leais colaboradores. E porque não se pode dar liberdade e autonomia a todos os empregados, deve-se selecionar bem os escolhidos, bem como beneficiar aqueles aos quais você delega e dá autoridade e iniciativa; agindo assim, você terá mais segurança em relação à equipe como um todo.

Considere que autonomia constrói, no entanto, delegação e licenciosidade, sem controle, destroem o seu negócio. A diferença de tratamento, na forma de delegação de autoridade para o grupo que está ligado diretamente a você obriga o conjunto contigo, e os demais empregados irão lhe desculpar, achando que devem mesmo ter maior recompensa os que estão expostos a perigos maiores.

Tirando-lhes ou não delegando a liberdade necessária para a ação, você ofende não apenas aqueles que estão diretamente ligados a você, dando-lhes a entender que desconfia deles, ou porque é covarde, inseguro e mesquinho ou porque simplesmente não tem confiança neles. Qualquer dessas opiniões levantará o ódio contra você. E porque você não pode trabalhar sozinho, pois sem equipe não há negócio, é necessário que, por vezes, volte-se aos mercenários e amigos de ocasião, aos bajuladores sem conteúdo, cujas qualidades já descrevemos anteriormente. Mesmo sendo habilidoso nos negócios, você não terá força suficiente para se defender de inimigos poderosos, e dos concorrentes. Como já dissemos, um novo empresário, num mercado novo, sempre organiza a empresa de modo vigoroso e idealista. Exemplos iguais enchem a história. Quando, porém, um empresário compra uma empresa, anexando-a aos seus domínios, então se faz necessário desarmá-la, menos aqueles que tenham lhe ajudado a adquiri-la, e ainda a estes é preciso, com o tempo, torná-los apáticos e desinteressados, de maneira que todas as posições de mando desse novo negócio estejam com os seus empregados fiéis, que junto com você sofreram e viveram a sua empresa antiga ou começaram os seus negócios. Use as pessoas para conseguir o que quer, mas confie e valorize aqueles que lhe acompanham e se arriscam com você.

Já diziam os sábios antigos, e também aqueles que eram considerados prudentes, que uma cidade pode ser conservada apenas com a política, ou simples divisão dos partidos, já outras apenas pelas fortalezas, e desse modo agiam eles de modo diferente nas cidades recém-conquistadas para poder mantê-las mais facilmente. Mercados diferentes: ações diferentes, empresas diversas, estratégias diversas.

Aquela era talvez a política mais sábia, naqueles tempos antigos, porém não acreditamos que possa ser regra de mercado hoje; não cremos que as diferenças de comportamento na ação trouxessem qualquer benefício. Ao contrário acontece quando ataca a concorrência, os mercados divididos são logo perdidos, porque a parte mais fraca irá para as forças invasoras e não será possível conservar a outra. Nunca coloque os seus colaboradores uns contra os outros, mantenha as divisões empresariais unidas. Juntos, teremos uma batalha mercadológica difícil, separados, será impossível vencer. Aqueles que se recusarem a trabalhar juntos, elimine.

Essa política põe à mostra a fraqueza do empresário, porque um empreendedor poderoso nunca permitiria tais divisões nem ações isoladas. Estas, quando necessárias, devem ser utilizadas estrategicamente "nos tempos de tranquilidade de mercado", levando em conta que uma equipe fiel, autônoma e motivada é a única esperança de se manter no mercado. Na guerra, como diriam os sábios passados, essa política mostra apenas a sua inutilidade. Os empresários se tornam grandes, indubitavelmente, quando se põem acima das dificuldades e da posição que ocupam. Desse modo, a fortuna e a boa sorte, quando quer enaltecer um novo empresário, o qual tem mais precisão de conquistar fama do que um que herdou a empresa, por exemplo, suscita-lhe inimigos e inveja daqueles que o rodeiam. Para subir, progredir e dominar, deve-se servir daquela escada que os próprios inimigos lhe estendem.

Muitos acreditam, por isso, que um empresário sábio, quando tiver oportunidade, deve fomentar astuciosamente certas inimizades contra si próprio, para que, com a vitória sobre os inimigos, mais se engrandeça. Os empresários, sobretudo os novos, têm achado mais fé e maiores utilidades nos homens que nos princípios da sua organização. Você, por certo, encontrará aquele que gerencia mais com a ajuda daqueles de quem suspeitava do que daqueles em que depositava confiança. Mas nessa matéria não se podem estabelecer regras gerais, pois são muito variadas as circunstâncias de cada caso. Podemos dizer somente que os homens que têm sido hostis à implementação de uma nova ideia ou estratégia, para conservarem-se carecem eles próprios de apoio; o empresário sempre poderá aliciá-los com facilidade, mas, por seu lado, são obrigados a servi-lo com tanta lealdade quanto sintam a necessidade de anular, pelas ações, aquela péssima opinião que o empresário tinha a seu respeito. Desse modo, a este servem melhor os serviços dos ex-adversários do que os daqueles que, por demasiada segurança, negligenciam os interesses do empresário.

Agora, como a própria matéria dá ensejo, não desejamos deixar de recordar aos empresários que tenham há pouco assumido a direção de uma organização, graças ao apoio de uma equipe fiel e motivada, que considerem bem que motivo os terá levado a favorecer esses empregados; e se não for afeição natural com eles, e sim descontentamento com o antigo dono, ao empresário, muito dificultosamente, apenas será possível manter a amizade daquele, pois impossível será satisfazê-lo. E analisando bem, com os exemplos que temos das coisas antigas e modernas, com relação a este fato, ver-se-á que ao empresário é muito mais fácil conquistar a amizade daqueles homens que estavam satisfeitos com o regime passado e ao patrão antigo, sendo, pois, seus inimigos, do que a daqueles que, por estarem descontentes, tornaram-se seus amigos e aliados, auxiliando-o inclusive na conquista e domínio da nova empresa.

Tem sido costume dos empresários, para mais seguramente conservarem aquilo que é seu, isolar-se em onipotência e arrogância, mantendo distância inclusive daqueles que lhe são leais, como se isso fosse colocá-los num bridão e fazê-los atuar como freio dos que pensassem atacá-lo. Aliás, esse tipo de procedimento se usa desde os tempos mais remotos. Esse tipo de "fortaleza" construída pelos homens, como regra geral, mais os torna desprotegidos daquele que os acolhe. Nós mesmos já tivemos a oportunidade de experimentar trabalho sob as ordens de um empresário arrogante. Não tenha ilusões; quando for possível, aqueles que lhe rodeiam serão os primeiros a abandoná-lo e a criticá-lo.

Pode-se dar a seguinte explicação a esse fato: o empresário que tiver mais temor de seus colaboradores do que dos "estrangeiros", entendendo-se assim aqueles de fora da organização, deve construir fortificações e blindagens, mas o que tiver mais temor daqueles que não pertencem à sua empresa do que dos seus fiéis empregados não precisa preocupar-se com isso. A melhor fortaleza e blindagem que ainda existe é, porém, não ter o ódio dos seus subordinados, pois que, se você se encontrar em alguma dificuldade e for por seus empregados odiado, eles não lhe salvarão, "pois não faltam jamais a povos rebelados príncipes estrangeiros que desejem auxiliá-los"[8]. Portanto, seja em nossa época, seja antes, mais garantido estaria aquele empresário e "chefe" que não fosse odiado pelos empregados. Considerando-se, portanto, todas essas coisas, louvamos ainda os arrogantes de sucesso, mas lamentamos que eles tenham confiado mais nos meios de defesa, não se preocupando com o fato de os empregados os odiarem.

[8] Idem, ibidem, p. 66-67.

Capítulo XXI

O que deve fazer um empresário para ser amado

Nada torna um empresário tão estimado como as grandes realizações empresariais e o dar de si raros exemplos. Convém ainda muito a um empresário dar exemplos raros quanto ao governo de seus negócios. Nada constrói mais que o trânsito entre os colaboradores, mantém-se uma certa distância, mas se está sempre entre eles. Escuta-os, fala-lhes, e o amarão.

É útil a um empresário fazer-se perceber pela prática de atos extraordinários em seu país. Quando alguém faz qualquer coisa extraordinária, de bem ou mal para a comunidade, para premiá-la ou puni-la, deve o empresário proceder de modo tal que deixe margem a grandes comentários. E principalmente deve agir no sentido de, em cada atitude, conquistar reputação de grande homem.

Também é estimado um empresário quando sabe ser realmente amigo ou inimigo, isto é, quando sem nenhuma preocupação age francamente em favor de alguém ou contra um terceiro. Tal partido lhe será sempre mais útil do que se manter neutro. Diremos por quê. Se dois poderosos concorrentes começarem a brigar, ou são tais que, vencendo um deles, tenha de temer o vencedor, ou não. De qualquer modo será melhor fazer parte da guerra do lado de um ou de outro. No primeiro caso, se se não se manifestar, será sempre presa de quem vencer, com imenso prazer daquele que foi vencido, e não terá razão nem coisa alguma em sua defesa, nem quem lhe acolha. Quem é vencedor não quer amigos suspeitos e que não auxiliem nas adversidades, e quem perde não lhe aceitará, porque não quiseste, de armas na mão, correr o mesmo risco. Foi Antíoco para a Grécia a chamado dos etólios para expulsar os romanos. Em sua obra original[9], Maquiavel lembra que Antíoco mandou embaixadores aos aqueus, aliados dos romanos, para incitá-los a se conservarem neutros. Por outro lado, os romanos procuram persuadi-los a tomarem armas contra aquele. Tal matéria foi à discussão no conselho dos Aques, onde procurava o delegado de Antíoco convencê-los a manterem-se neutros, ao que respondeu o delegado dos romanos: "*Quod autem isti dicunt non interponendi vos bello, nihil magis alienum rebus vetris est; sine gratia, sine dignitate, praemium victoris eritis*"[10].

E sucederá sempre que aquele seu inimigo lhe pedirá que fique neutro, e o que é seu amigo que tome atitudes abertamente. E os empresários tímidos, para fugirem a esses perigos, seguem, com frequência, aquela linha de neutralidade, e geralmente são mal-sucedidos. Mas quando você toma corajosamente partido aberto por um dos contendores, se aquele ao qual se ligou vencer, mesmo que seja poderoso e fique à sua mercê, ele terá obrigações com você e é compelido a ter sua amizade.

Os homens jamais são tão maus que desejem oprimir aos que devem ser agradecidos. Adicionalmente, as vitórias não são jamais tão completas que o vencedor não tenha que levar em conta outras considerações, sobretudo de justiça. Se aquele ao qual auxilia, porém, perder, será socorrido por ele quando for necessário e, nesse caso, estará unido a uma potência que pode renascer. No segundo caso, quando os litigantes sejam tais que não precise temer a vitória de qualquer deles, a sua aliança com um deles é tanto mais prudente quanto assim provocarás a ruína de um com a ajuda de quem o deveria salvar. Se for sábio, e vencendo a você, o seu aliado ficará à sua discrição, e é impossível que não vença com a sua ajuda.

[9] Idem, ibidem, p 78.

[10] Idem, ibidem, p. 78. Quanto à opinião de não deveres intervir na guerra, nada é mais prejudicial aos vossos próprios interesses, pois sem recompensa e ingloriamente sereis presa do vencedor. (tradução do original)

Não nos esqueçamos de que um empresário deve ter o cuidado de não se aliar com um mais poderoso, senão quando for impelido pela necessidade, como se explicou anteriormente; porque, vencendo, ficará preso ao aliado, e os empresários devem evitar a todo custo estar à mercê de outro.

Não imagine jamais nenhum empresário poder tomar decisões inteiramente acertadas. Pense, sobretudo, em que terá de tomá-las sempre incertas, porque está na ordem natural das coisas que ninguém consegue impedir algum inconveniente sem incorrer em outro. A prudência está exatamente em saber conhecer a natureza dos inconvenientes e adotar o que for menos prejudicial como bom.

Do mesmo modo, um empresário deve mostrar-se amante das virtudes e honrar aqueles que se destaquem em um ofício ou função qualquer. Além do mais, deve excitar os seus colaboradores a exercer em liberdade as suas atividades, seja no comércio, na agricultura e em qualquer outro ramo de atividade, de maneira que o agricultor não deixe de enriquecer as suas propriedades pelo medo de lhe serem arrebatadas, e o comerciante não deixe de ativar o seu negócio por temer os impostos. Pelo contrário, o empresário deve instituir prêmios para aqueles que desejarem empreender tais coisas e para todos aqueles que, de qualquer modo, pensem em ampliar o seu negócio. Além do mais, devem ainda os empresários, nas épocas próprias do ano, dar aos empregados festas e espetáculos. E como todas as empresas estão divididas em grupos ou organizações menores, deve ocupar-se muito destas, procurando-as algumas vezes para dar provas de afabilidade e unificiência, mantendo sempre integral, entretanto, a majestade da sua dignidade, a qual não deve faltar em nada. Caminhe pela fábrica, ande pela loja, escute os clientes, fale com os empregados, coma no refeitório dos operários, seja altivo, nunca arrogante. Conta a história que um poderoso empresário do ramo de comunicação de Curitiba todos os anos entregava cestas de Natal pessoalmente aos colaboradores. Certa feita alguém lhe disse que um humilde operário, hospitalizado, dissera de brincadeira a um colega: "Peça ao chefe que guarde a minha cesta de Natal." Ele não teve dúvidas: pegou uma cesta e foi até o hospital entregá-la pessoalmente ao doente. Não obstante esse fato tenha se passado há anos, até hoje é lembrado pelos empregados. Faça o inusitado, pratique o justo, seja firme, nunca arrogante. Serás amado e temido por todos os tempos.

Capítulo XXII
Os gerentes e diretores

A escolha dos gerentes não é coisa de pequena importância. Gestores ou diretores serão bons ou não conforme a sabedoria do empresário, pois este é antes de tudo um educador, um formador de pessoas e de opiniões. E a primeira conjectura que se faz a respeito das qualidades de inteligência de um empresário está na observação dos executivos que estão ao seu redor. Sendo estes competentes e fiéis, pode-se tê-lo como sábio por saber reconhecer as qualidades dos seus executivos e conservá-los fiéis. Quando, porém, não são assim, pode-se avaliar sempre mal o empreendedor, porque cometeu seu primeiro erro nessa escolha.

Não houve ninguém que, conhecendo Luiz Eduardo Falco como um executivo da então luzente empresa TAM, fundada pelo comandante Rolim, não tivesse considerado este último um empreendedor eficiente e eficaz pelo fato de escolher aquele primeiro para seu vice-presidente de marketing. Existem três tipos de cabeça: uma que entende por si mesma as coisas, outra que sabe discernir o que os outros entendem e, por fim, uma que nem por si entende nem sabe ajuizar o trabalho dos outros. A primeira é excelente, a segunda boa e a terceira inútil. Necessariamente que, se o Comandante Rolim não estava no primeiro caso em nossa opinião, estava ao menos no segundo, uma vez que era capaz de conhecer o bem e o mal que os outros diziam ou faziam. Quando um empresário, mesmo não tendo iniciativa própria, tem discernimento suficiente para ver as boas e as más qualidades dos executivos, exaltando as primeiras e corrigindo as segundas, faz que o gerente ou o diretor, desse modo, não possa esperar enganá-lo por muito tempo, e então acaba por se manter bom e fiel em seu cargo.

Entretanto, para que um empresário possa conhecer bem o gerente, existe um modo que jamais falha: quando perceber que o executivo pensa mais em si mesmo do que em seus negócios e que em todas as suas ações procura tirar proveito pessoal, pode estar certo de que ele não é bom e nunca poderá confiar nele. Aquele que dirige os negócios de um empresário, como no caso de Luiz Eduardo Falco, não deve jamais pensar em si mesmo, mas sempre naquele que nele confiou, e nunca recordar-lhe coisas que estejam fora da esfera da vontade do empreendedor. Por outro lado, o empreendedor, para garantir-se do gerente, deve pensar nele, honrando-o, fazendo-o rico com bons honorários e bons cargos, tornando-o agradecido pelo reconhecimento, fazendo com que ele contraia obrigações para com o empresário e a organização, de modo que as muitas honrarias não lhe tragam o desejo de outras. Que as muitas riquezas não lhe façam desejar maiores e seu cargo lhe faça temer mutações. Quando, portanto, os gerentes e os empresários com relação a estes são assim, podem confiar-se mutuamente. De outro modo o fim será sempre mau para ambos. O comandante Rolim tinha razão e sabia escolher seus homens. Em 2001, Falco deixou a TAM e assumiu a unidade de negócios móveis do Grupo Oi, um grande *case* de sucesso empresarial dos últimos anos no Brasil. Hoje ele é o presidente da companhia.

Capítulo XXIII

Como evitar os bajuladores e aproveitar os bons conselhos

Não podemos deixar de cuidar de um capítulo importante sobre um erro do qual os homens se defendem com muita dificuldade, se não são muito prudentes ou se não sabem escolher bem seus colaboradores. Fazemos referência aos bajuladores e enganadores de que as organizações empresariais estão cheias. Isso ocorre porque os homens se alegram tanto com as próprias coisas e enganam-se tanto nestas que, com dificuldade, defendem-se dessa peste. Desejando-se evitá-la, há o perigo de cair em desconsideração, pois outra maneira de proteger-se da adulação não existe senão fazer que os homens compreendam que não lhe fazem ofensa em dizer a verdade. Quando, porém, todos podem dizer-lhe a verdade, lhe faltarão com respeito. Um empresário prudente deve, pois, portar-se de uma terceira maneira, escolhendo para seus colaboradores homens sábios e apenas a estes conceder o direito de dizer-lhe a verdade, e ainda a respeito somente das coisas que ele lhes inquirir, e não mais sobre nenhum outro. Deve consultá-los sobre todas as coisas e ouvir-lhes a opinião, e deliberar depois como julgar melhor. Deve ainda conduzir de modo tal que eles percebam que, com quanto mais liberdade falarem, mais facilmente serão suas opiniões seguidas. Além destes ninguém mais deve ser auscultado, evitando-se conflitos de interesse e distorções de entendimento. Tomadas as suas decisões pessoais, deve-se imprimi-las com firmeza. Agindo de outro modo o empresário ou é precipitado pelos bajuladores ou ainda muda, muito frequentemente, de opinião; daí decorre a falta de confiança de sua equipe.

Um empresário deve, pois, aconselhar-se sempre, mas quando ele julgar que deve, e não quando os outros desejarem. Antes, entretanto, nunca deve tirar de todos a vontade de aconselhá-lo sobre algo, mesmo que ele não peça. Deve indagar muito e ouvir com paciência a verdade a respeito das coisas indagadas. Aqueles que ouvem apenas aquilo que gostam, ou que punem os que lhe dizem a verdade, mesmo que dolorosa, estará fadado ao fracasso, pois quem age assim ouve o que quer: inverdades. Os presunçosos e os insuportavelmente arrogantes são a linha primeira desse grupo. Quando julgar que alguém, por medo, não lhe diz a verdade, o empresário não deve deixar de mostrar o seu desprazer e descontentamento. Mas seja cauteloso com aqueles que falam muito se si próprios e vivem a dar conselhos baseados em suas glórias do passado, pois não são currículos históricos que fazem uma empresa vencedora, mas ações e conselhos fáticos e presentes.

Muitos entendem que os empresários que adquiriram reputação de prudentes devem-na não à sua natureza, mas aos bons conselhos dos que lhe estão em volta. É erro evidente, por ser regra geral que não falha nunca: um empresário que por si não seja prudente, não pode ser bem aconselhado, salvo se, por acaso, acatar o juízo de um só, muito sábio, que entenda de tudo. Tal caso pode suceder, mas teria pouca duração, pois aquele que governasse de fato, em pouco tempo lhe tiraria o poder, até mesmo lhe roubaria a empresa. Aconselhando-se, porém, com mais de um, um empresário que não seja sábio jamais terá unidade de conselhos e nem por si mesmo saberá como harmonizá-los. Cada um dos conselheiros pensará como quiser e ele não saberá corrigi-los nem ajuizar a respeito. E não há de ser de outro modo, pois os homens serão sempre maus se, por necessidade, não se fizerem bons, isso simplesmente porque assim somos todos. O que se conclui daí é que os bons conselhos, venham de onde vierem, nascem da sabedoria do empresário, e não que a sabedoria do empresário resulte dos bons conselhos.

Capítulo XXIV

Quais os motivos que levam alguns empresários a perder suas empresas

Se o que explicitamos nos capítulos precedentes for observado com prudência, o empresário novo parecerá de ascendência antiga e assim se tornará mais seguro e firme na empresa, como se ele realmente aí estivesse já há muito tempo. Um empresário novo é muito mais vigiado em seus atos do que um empresário hereditário e, quando esses atos mostram virtude, atraem muito mais os homens e os obrigam muito mais do que a mera antiguidade do sangue. Isso porque os homens são muito mais presos às coisas do presente do que àquelas do passado e, quando acham o bem naquelas, contentam-se e nada mais buscam; antes tomarão a defesa do empresário se este não falhar nas demais coisas às suas promessas. E, desse modo, ele gozará a dupla glória de ter fundado uma organização nova e fortalecê-la com boas normas e ações, boas estratégias e exemplos dignos, da mesma maneira que um empresário antigo, e ainda, já de muito estabelecido no mercado, terá a dupla vergonha, porque tendo nascido empresário perdeu a empresa por sua minguada prudência e inabilidade em conduzir aquilo que lhe coube.

E se forem considerados aqueles empresários que em nossos dias, no Brasil, perderam seus negócios, achar-se-á neles, em primeiro lugar, um defeito comum quanto às formas utilizadas na gestão, pelos motivos anteriormente expostos. Depois se verá que muitos deles ou foram hostilizados pelo mercado e principalmente pela opinião pública ou, em caso contrário, não souberam tornar inofensivos os grandes, pois sem esses defeitos não se perdem empresas tão fortes que possam colocar em cheque a economia nacional. Pode-se ser hostil ao público por três vias: arrogância, liberalidade ou amoralidade. Você confiaria numa empresa cujo dirigente aparece semanalmente nas manchetes dos jornais desfilando com modelos que poderiam ser consideradas suas netas? Certamente não.

Maquiavel[11] ensinava que Filipe da Macedônia, não o pai de Alexandre Magno, mas aquele que Tito Quíncio Flamínio derrotou, não tinha domínios muito grandes em relação à grandeza de Roma e da Grécia que o atacaram. Não obstante, por ser bom militar e homem que sabia não se tornar indesejado pelo povo, e ainda por saber concomitantemente guardar-se dos poderosos, fez guerra muitos anos contra eles e, se por fim perdeu algumas cidades, ficou-lhe porém o reino. Valeu-lhe a habilidade de gerir em tempos de crise.

Do mesmo modo, esses empresários, que por muitos anos possuíram suas empresas para depois vir a perdê-las, não acusem a má sorte, mas sua própria imperícia, porque jamais tendo pensado nas boas épocas que os tempos poderiam mudar (os homens não se preocupam, na bonança, com as tempestades; porque somos todos assim), quando chegaram os tempos adversos, pensaram em fugir, e não em se defender, e aguardaram que os agentes dos mercados, cansados da insolência e arrogância dos vencedores, os reclamassem outra vez. Esse recurso é bom, mas quando falham todos os outros, é muito mau. Melhor repensar ao abandonar os outros remédios em troca deste.

Não queira cair apenas porque acredita que vai encontrar quem lhe levante, ou que alguém o reporá em sua posição. Isso ou não sucede ou, quando sucede, não lhe trará segurança, porque é fraco o meio de defesa e, ademais, não depende de você. E são sempre bons, certos e duradouros os meios de defesa que dependem de você mesmo e de seu valor.

[11] Idem, ibidem, p. 84.

Capítulo XXV

A sorte existe, mas não se pode confiar nela

Não desconhecemos que muitos têm e tiveram a opinião de que as coisas do mundo são dirigidas pela sorte e por Deus, de modo que a prudência humana não pode corrigi-las, e mesmo não lhes traz nenhum remédio. Por esse motivo, poder-se-ia acreditar que não deve alguém se preocupar muito com elas, mas se deixar dirigir pela sorte. Tal opinião é muito aceita em nossos tempos, pela grande variação das coisas, o que todo dia se nota, de toda conjectura humana. Às vezes, refletindo sobre isso, temos nos inclinado a aceitá-la também. Não obstante, e para que não se destrua nosso livre-arbítrio, pensamos que pode ser verdadeiro que a fortuna é árbitra de metade das nossas ações, mas que, mesmo assim, ela nos permite governar a outra metade. Comparamos isso a um desses rios impetuosos que, quando se tornam encolerizados, alagam as planícies, destroem as árvores, os edifícios, arrastam montes de terra de uma parte para outra; tudo foge diante dele, tudo cede ao seu ímpeto, sem poder obstar-lhe e, ainda que as coisas se passem assim, não é menos verdadeiro que os homens, quando retorna a calma, podem executar reparos e barragens, de maneira que em outra cheia aqueles rios correrão por um canal e seu ímpeto não será tão livre nem tão prejudicial. O mesmo acontece com a fortuna, o seu poder se manifesta onde não há resistência organizada, voltando ela a sua violência apenas para onde não foram providenciados diques e barragens para detê-la. E se observares os terremotos, verás que eles existem no Japão e no Haiti. Este último é um território mais despreparado, seja qual o sentido que algum possa tentar comparar e daí decorrem a origem de inúmeros e inesperados problemas. É a fortuna que atenua tais efeitos no Japão e os potencializa no Haiti? A solidez das instituições japonesas, assim como na vida dos homens ou das empresas, permite enfrentar melhor as adversidades e a contar menos com a sorte. E com isso acreditamos que disse bastante a respeito aos obstáculos que podem ser opostos à sorte, em geral.

Restringindo-nos, porém, aos casos particulares, digamos que hoje se observa o sucesso de um empresário e amanhã a sua desgraça, sem que tivesse havido mudança na sua natureza ou em alguma das suas qualidades. Julgamos que a razão disso, como dissemos antes, é que quando um empresário se baseia inteiramente na Fortuna, arruína-se conforme as variações dela. Também temos por feliz o que combina o seu modo de agir com as particularidades dos tempos, e infeliz o que faz divergir dos tempos a sua maneira de agir. Relativamente aos caminhos que os conduzem à finalidade que buscam, isto é, glórias e riquezas, os homens costumam agir de modos diversos, um comedido, outro com impetuosidade, um pela violência, outro pela astúcia, um pacientemente, outro com a qualidade contrária, e cada qual por estes diferentes modos pode atingir aqueles fins.

Nota-se que, de dois indivíduos cautelosos, um chega ao seu objetivo e outro não, e do mesmo modo, dois igualmente felizes, com duas maneiras diferentes de agir, são um circunspecto e outro impetuoso, o que nasce apenas da natureza especial da época, e com a qual se conforma ou não o seu modo de agir. Assim, como explicamos, dois procedendo de modo diverso alcançam o mesmo desígnio, e dois agindo de modo igual, um vai diretamente ao fim, e outro não. Disso dependem igualmente as diferenças de prosperidade, pois se um se porta com cautela e prudência e os tempos e as coisas lhe são favoráveis, a sua empresa prospera, e daí vem felicidade. Alteram-se os tempos e as coisas, porém, arruína-se ele, porque não modificou seu modo de agir. Não se acha homem tão prudente que saiba se acomodar a isso, seja porque não pode se desviar daquilo a que o impele a natureza, seja porque, tendo prosperado num caminho, não pode resignar-se a deixá-lo. Ora, o homem comedido, quando é necessário ser impetuoso, não o sabe ser, e isso é causa de sua ruína, porque se mudasse de natureza, de acordo com o tempo e as coisas, não mudaria de fortuna.

Temos um excelente exemplo na pessoa de Samuel Klein, empresário judeu polonês que se tornou proprietário da rede de varejo e lojas de departamento conhecida como Casas Bahia. Klein, após a invasão nazista, foi levado aos campos de concentração de Maidanek e de Auschwitz em 1944, de onde fugiu caminhando mais de 50 quilômetros a pé até o Rio Vístula, passando a noite em uma plantação, onde encontrou outros fugitivos cristãos poloneses que o ajudaram. Viveu em Munique, onde casou-se com Chana, deixando a Europa por decisão própria, vindo residir na Bolívia, após frustrada tentativa de migração para os Estados Unidos. Dada a situação social difícil naquele país, conseguiu autorização para viver no Brasil, onde se estabeleceu em São Caetano do Sul com a família, começando seus trabalhos como comerciante local. Vendeu roupas de cama, mesa e banho de porta em porta e, com cinco anos de dedicado trabalho, reservou capital para adquirir uma loja chamada Casa Bahia, em homenagem a seus clientes baianos que vinham tentar a sorte na região da Grande São Paulo. Hoje é proprietário de uma rede com quase 600 lojas e com o maior depósito de distribuição da América Latina. Podemos dizer que este era um homem de sorte. Quanto mais trabalhava e se obstinava, mais aumentava-lhe a sorte.

Concluímos, por conseguinte, por dizer que, modificando-se a fortuna e conservando os homens, com obstinação, o seu modo de proceder, são felizes enquanto esse modo de agir e as particularidades do tempo combinarem. Não combinando, serão infelizes. Estamos convictos de que é melhor ser arrojado do que cauteloso.

Capítulo XXVI
O empresário brasileiro, esse herói

Observadas, portanto, todas as coisas ditas nos capítulos anteriores e pensando ensimesmado se no Brasil os tempos atuais poderiam prometer honras a um empresário novo, e se havia objeto que desse a algum que fosse prudente e valoroso ocasião de introduzir nova ordem que lhe propiciasse reputação e prosperidade para o mercado como um todo, parece-nos que existem tantas coisas favoráveis a um empresário novo que não sabemos de época mais propícia para a consecução de tais propósitos. E, como dissemos, foi preciso "para que fosse conhecida a virtude de Moisés, que o povo de Israel fosse escravo no Egito; para conhecer-se a grandeza de alma de Ciro, que os persas fossem oprimidos pelos medas; e para conhecer-se o valor de Teseu, que os atenienses estivessem dispersos"[12].

Assim, modernamente, desejando-se conhecer o valor de um empresário brasileiro, seria preciso que o Brasil chegasse ao ponto em que se encontra hoje, que estivesse mais escravizado do que os hebreus no Egito, mais oprimido do que os persas, mais dispersos que os atenienses, sem chefe, sem ordem, batido, espoliado, lacerado, invadido por corruptos, e que houvesse, por fim, sofrido toda espécie de calamidades e de desvios. E ainda que tenham aparecido até o presente certas providências por parte de alguém, que poderiam ser julgadas como inspiradas por Deus para a redenção do

[12] Idem, ibidem, p. 89.

país, viu-se depois que, no ponto mais elevado de suas ações, foi abandonado pela sorte. Desse modo, tendo ficado como sem vida, aguarda o Brasil aquele que lhe possa curar as feridas e dê fim ao saque dos mal intencionados, aos excessos tributários da nossa voracidade fiscal, cuja sede insaciável os dilacera todos os dias, e que cure as suas chagas já há muito tempo apodrecidas. Percebe-se que se pede a Deus nos mandar alguém que redima nossa pátria de tais crueldades e das insolências de estrangeiros. Vê-se, mesmo, que se acha pronto e disposto a seguir uma bandeira, desde que exista quem a levante! Precisamos de um líder que nos conduza para o caminho certo, sem egoísmo, e que, acima de tudo, pense no povo e nas coisas, que não se deixe tomar pela leviandade e que nunca perca a aderência nas coisas, e se considere um superior ou um deus predestinado que a fortuna do povo recebeu para resolver os seus problemas. Que seja como um Fidel, que por décadas se manteve fiel aos seus princípios, não se entregando à riqueza e ao luxo. Quem sabe que se comporte como um Ben-Gurion, um dos fundadores do Partido Trabalhista, liderando seu povo e mirando um objetivo sem nunca esquecer do passado, e mantendo os olhos no presente, como queriam aqueles que nele confiavam. Por outro lado também poderia ser um Roosevelt, dinâmico, empreendedor, trabalhador incansável, cujo sucesso nunca lhe subiu à cabeça, não pensava em outra coisa a não ser naqueles que dele dependiam. Mas assim são os homens: sobem um pouco na vida, mesmo numa reles posição de supervisor e já se enxergam como deuses, perdem a aderência dos seus propósitos e tornam-se déspotas dedicados ao luxo. Do mesmo modo são os empresários: alguns incansáveis sábios vivem os seus negócios, recompensam os seus colaboradores e encantam os seus clientes. Outros, despreparados de caráter, acham que tudo podem, não respeitam os homens e muito menos as leis, só pensam na vitória e no luxo pessoal.

Não se vê hoje em dia de quem o país possa esperar mais do que das suas empresas, as quais — com a sorte e os seus valores, auxiliadas por Deus e por suas eficientes administrações, em que vocês empresários estão na liderança — poderão constituir-se cabeça dessa redenção. Isso não será muito difícil se cada empresário se voltar ao exame das atitudes e da vida, daquilo que falamos nos capítulos precedentes. E ainda que tais homens tenham sido raros e maravilhosos, foram, porém, homens, e as oportunidades que tiveram foram menos propícias do que a atual, porque as suas empresas não foram mais úteis do que estas nem mais fáceis, nem Deus foi mais amigo deles do que é seu, empresário.

Muito justa é esta assertiva: "*Justam enim est bellum quibus necessarium, et via arma ubi nulla nisi armis spes est*"[13]. Aqui tudo está disposto de modo favorável e onde tal acontece, não pode haver grande obstáculo para aquele que se prontificar a proceder como aqueles os quais propusemos como exemplos. Além do mais, veem-se aqui extraordinárias ações de Deus, como ainda não houve exemplo. O mar abriu-se, uma nuvem mostrou o caminho, brotou água da pedra, aqui choveu o maná, tudo concorreu para a sua grandeza de caráter. O que está por fazer é tarefa que compete a você, empresário. Não espere por nada de ninguém, o governo não irá lhe ajudar, os empregados lhe serão fiéis se você os tratar com retidão e firmeza, nunca com supremacia e arrogância. Se você estiver presente e participativo em todos os dias e lugares da sua empresa, já será difícil vencer, o contrário lhe fará um perdedor.

Deus não deseja fazer tudo, para não impedir o nosso livre-arbítrio e tirar parte da glória que nos pertence. E não é causa de maravilhar-se se algum dos já citados brasileiros não pôde realizar aquilo que se pode aguardar da sua ilustre casa e se, em tantas revoluções brasileiras, travadas no campo, nas cidades, nas prisões, em tantos esforços de verdadeira "guerra", parecer enfim que a virtude "militar" da empresa se tenha extinto no país. O motivo disso está no fato de que as antigas instituições políticas não eram boas, e não houve ninguém que tivesse podido arranjar outras; e jamais coisa nenhuma deu tanta honra a um governo novo como as novas leis e os regulamentos que foram elaborados. Quando as novas leis são bem fundadas e encerram grandeza, fazem que o governo seja reverenciado e estimado; e no Brasil não faltam motivos para a consecução desse trabalho.

---

[13] Idem, ibidem, p. 90. Justa, verdadeiramente, é a guerra quando necessária, e piedosas as armas quando apenas nas armas repousa a esperança. (tradução do original)

Você terá de lutar contra tudo e contra todos, mas lembre-se de que é brasileiro e cidadão todos os dias, pense nisso quando for necessário assinar uma carteira e pagar adequadamente a empregada doméstica de sua casa; não corrompa os fiscais e, sobretudo, não se lembre apenas de hastear a bandeira brasileira em dias de jogos da seleção, faça disso um habito diário. Imagine que a copa do mundo acontece todos os dias. Aqui há muito valor no povo, embora faltem chefes. Observe no Congresso, em Brasília, quantos são os brasileiros superiores em força, destreza e inteligência. Tratando-se, porém, de administrar, tais qualidades não chegam a mostrar-se. E tudo deriva da fraqueza dos políticos, pois os que sabem não são obedecidos, e todos acreditam saber muito, não tendo surgido até o momento nenhum cujo valor ou sorte de tanto realce que obrigue os demais a abrir-lhe caminho. Não critique os juízes por seus sessenta dias de férias, mas aqueles que lhes concederam tais benefícios por lei.

Não permita que os políticos alterem as regras do jogo em benefício próprio, não se omita nas horas que o presidente do Senado Federal, mandatário da nação por acaso, pretender alterar a constituição para ser reconduzido ao cargo, assim como o fizeram Fernando Henrique, Sarney, Hugo Chaves e outros. É por esse motivo que em tanto tempo, em tantas batalhas que se deram nestes últimos vinte anos que sucederam a ditadura militar, todo o conjunto político inteiramente brasileiro sempre se saiu mal. Por isso, não se omita: financie os bons e puna os maus.

Assim, se você, empresário, desejar seguir o exemplo dos grandes homens e obter o máximo de sucesso nos seus negócios, é preciso, antes de tudo, como verdadeira base de qualquer empresa, prover-se de empregados fiéis na tradição e no tempo, gente em que você efetivamente possa confiar, porque não existem outros colaboradores mais fiéis nem melhores. E ainda que cada empregado possa ser bom, todos reunidos ainda se tornarão melhores quando sentirem que os comanda seu empresário, e que são honrados e bem tratados por ele. É preciso, portanto, preparar essas armas, educá-los, capacitá-los, dar-lhes autonomia, para poder defender-se dos concorrentes e do mercado com a própria bravura brasileira.

E não obstante sejam consideradas formidáveis as técnicas de gestão e estejam à disposição de todos os empresários, são poucos os que as praticam. Dispa-se da arrogância, circule entre os empregados, fale com eles, sobretudo escute-os; faça-se presente e participativo, mas não se esqueça de que você é o empresário; seja rígido, firme e inflexível no seu negócio, mas trate a todos com carinho. E são essas coisas que, reorganizadas, dão reputação e grandeza a um homem.

Não se deve, pois, deixar escapar essa oportunidade a fim de fazer com que o Brasil, após tanto tempo, encontre um redentor. Note que, desde Juscelino, não temos dado sorte: nenhum estadista apareceu. No governo militar, em princípio, fizemos bom progresso, especialmente "embalados" por uma situação econômica mundial favorável, equivalente ao mandato de Luiz Inácio da Silva; os militares, entretanto, gostaram do poder, usaram-no, e só o deixaram mais de 20 anos depois de pressionados pelo clamor da sociedade. Isso aconteceu porque eles perderam noção da realidade, não foram aderentes aos seus propósitos iniciais e quiserem ficar no poder para sempre. Perderam a oportunidade de passar para a história pelo bem que fizerem, e acabaram sendo imortalizados pela repressão e pela obstinada opressão. Como legado nos deixaram um ambiente político de nível centro-africano, cuja petulância no mau-trato da coisa pública chegou a tal ponto de que a vergonha não mais existe, as coisas são feitas às claras e o Parlamento, quando julga os seus, mesmos réus confessos, declara-os inocentes. Instituições não existem e, segundo North, sem elas jamais alcançaremos o desenvolvimento. Aqui muda-se tudo, desde que atenda aos interesses da classe dominante estabelecida. E assim o país, mantido pelos empresários, vai caminhando, apesar da classe política.

Não faça como o presidente de origem humilde que esqueceu de onde veio. Caminhe mais entre o povo. Esqueça a projeção "internacional". Lute para que os poderes sejam administrados como a sua empresa. Fora com parentes e afilhados. O presidente operário, ou o sociólogo, poderiam ter impedido que terceiros ocupassem cargos públicos por razões políticas, assim como você, empresário, o faz com os seus negócios. Ou você acredita que a Petrobras, a Caixa Econômica, o INSS, ou ainda o Ministério da Educação são diferentes da empresa que você administra? Você, sinceramente, acredita que as entidades governamentais têm futuro se cada vez que mudamos o governo trocamos a direção por afilhados e apadrinhados, os chamados cargos de confiança ou comissão? Vamos começar uma luta declarada contra isso! Vamos crescer e profissionalizar o Brasil. Enquanto você, empresário, não tomar essa atitude, nada será feito.

Não temos palavras para manifestar o amor e o entusiasmo com que um dirigente nacional com esse pensamento seria recebido em todos os estados, especialmente nos mais pobres. Que povos lhe negariam a obediência? Que inveja lhe faria face? Qual brasileiro seria capaz de recusar-lhe um favor? Já fede, para todos, esse domínio de bárbaros. Tome, portanto, à sua ilustre empresa essa tarefa, com aquele ânimo e aquela fé com que as boas causas são empreendidas, a fim de que, sob a sua direção, assim como você o faz com seus empreendimentos, esta pátria se enobreça, e sob os seus auspícios se verifique no Brasil, para os brasileiros, aquela expressão de Petrarca aos italianos:

> *"Virtù contro a furore*
> *Prender l'arme; e fia il combater corto;*
> *Ché l'antico valore*
> *Negl'italici cuor non è ancor morto"*[14].

[14] Idem, ibidem, p. 92. A virtude tomará armas contra o desmando, e o combate será breve, pois ainda não está morto o antigo valor em nossos corações. (tradução nossa)

Referências

MACHIAVELLI, Niccoló. *Il Príncipe*. Stuttgart: Reclam, 1986

MACHIAVELLI, Niccoló. *O Príncipe*. São Paulo: Jardim dos Livros, 2007.

MACHIAVELLI, Niccoló. *O Príncipe*. 18. ed. São Paulo: Hemus, 2002.

VILLARI, Pasquale. *The Life and Times of Niccoló Machiavelli*. London: T. Fisher Unwin, 1878.

VIRGÍLIO. *Eneida*. Trad. José Victorino Barreto Feio e José Maria da Costa e Silva. São Paulo: Martins Fontes, 2004.

IMPRESSÃO E ACABAMENTO
YANGRAF
GRÁFICA E EDITORA LTDA.
WWW.YANGRAF.COM.BR
(11) 2095-7722